电子竞技运动与管理专业系列教材

电子竞技概论

浙江网竞教育科技有限公司　组编

主　编　宋　嘉
副主编　彭　泺　梁海岛　陈旺旺
参　编　蒋东豪　黄颖淇　袁子鉴

本书是电子竞技运动与管理专业系列教材，同时也是校企合作"双元"育人系列教材，由浙江网竞教育科技有限公司经多年实践经验组织编写。全书共分为6章，主要内容包括：电子竞技概述、电子竞技产业的发展环境、电子竞技赛事概述、电子竞技俱乐部、电子竞技泛娱乐产业和电子竞技产业未来发展。

本书可作为高等院校及职业院校电子竞技运动与管理专业及相关专业教学用书，也可作为社会大众自学参考用书。

为方便读者学习，本书配套有电子课件、思维导图、课后习题等资源，凡使用本书作为教材的老师可登录机械工业出版社教育服务网www.cmpedu.com注册下载。教师也可加入"机工社电竞交流QQ群：780477302"索取相关资料，咨询电话：010-88379759。

图书在版编目（CIP）数据

电子竞技概论 / 浙江网竞教育科技有限公司组编 . —北京：机械工业出版社，2019.12（2023.9 重印）

电子竞技运动与管理专业系列教材
ISBN 978-7-111-63623-6

Ⅰ. ①电… Ⅱ. ①浙… Ⅲ. ①电子游戏 – 运动竞赛 – 概论 – 高等学校 – 教材 Ⅳ. ① G898.3

中国版本图书馆 CIP 数据核字（2019）第 189916 号

机械工业出版社（北京市百万庄大街22号　邮政编码100037）
策划编辑：刘思海　　　　责任编辑：刘思海
责任校对：李　伟　陈　越　封面设计：马精明
责任印制：张　博
北京建宏印刷有限公司印刷
2023年9月第1版第4次印刷
184mm×260mm · 10印张 · 234千字
标准书号：ISBN 978-7-111-63623-6
定价：49.00元

电话服务　　　　　　　　　网络服务
客服电话：010-88361066　　机 工 官 网：www.cmpbook.com
　　　　　010-88379833　　机 工 官 博：weibo.com/cmp1952
　　　　　010-68326294　　金　书　网：www.golden-book.com
封底无防伪标均为盗版　　　机工教育服务网：www.cmpedu.com

前　言

电子竞技作为新兴事物，其发展过程一直饱受争议。时光荏苒，如今电子竞技已经逐渐被社会认可，步入了高速发展时期，为规范并促进行业健康发展，2016年9月，教育部职业教育与成人教育司公布了《关于做好2017年高等职业学校拟招生专业申报工作的通知》，新增"电子竞技运动与管理"专业。开设"电子竞技运动与管理"专业的各类院校已超百所。"电子竞技概论"作为该专业的基础课，其重要性不言而喻。为适应电子竞技行业、高等教育和职业教育的发展，浙江网竞教育科技有限公司（以下简称"网竞教育"）特编写《电子竞技概论》。本书的特点如下：

1. 本书在动态修订时，编者队伍深入学习贯彻党的二十大精神，以学生的全面发展为培养目标，融"知识学习、技能提升、素质教育"于一体，严格落实立德树人根本任务，此次动态修订内容的文化自信明显增强，所介绍案例的精神面貌更加奋发昂扬。

2. 本书从国内外电子竞技发展史、电子竞技赛事、电子竞技俱乐部、电子竞技媒体、电子竞技泛娱乐产业、电子竞技未来展望等方面入手，涉及电子竞技基本概念，电子竞技防沉迷与保护，电子竞技游戏发展史、世界电子竞技行业发展历程，电子竞技著名赛事，电子竞技知名选手、解说、媒体，电子竞技泛娱乐产业等；此外，还从新技术、新型经济、教育等方面展望了电子竞技未来的发展。以上元素虽然纷杂，但本书脉络清晰、组织逻辑有条理，凡购买本书者，均附赠各章思维导图，方便理清涉及电子竞技产业发展的各种元素。

3. 本书没有盲目跟风各种电子竞技参考资料以及相关书籍，而是从实用性、必要性、够用性等角度出发，精心组织内容编写，使学生逐渐建立对电子竞技的整体认知和正确理解。此外，本书还增加了素养目标和元素，各章习题不仅采用开放形式，而且与各章的能力目标及素养目标相互呼应，培养学生正确的人生观、价值观、电子竞技从业观，培养学生独立思考和自主规划职业发展的能力。

4. 本书四色印刷，图文并茂，配有电子课件（PPT），方便自学者和教师使用。

本书在编写过程中，编写团队认真负责，进行了大量调研和讨论，为的就是编写一本实用的、好用的精品教材，在此期间，网竞教育的付出令人动容，在此表示诚挚的感谢。此外，本书的编写得到了机械工业出版社的大力支持，刘思海编辑从2002年就开始接触电子竞技并曾是半职业电子竞技选手，对本书的编写付出了大量的心血，在此表示感谢。

由于行业发展迅速以及编者团队学识所限，本书内容一定存在纰漏和不当之处，在此请大家多多包涵，也请各位读者多多指正。

编　者

目 录 CONTENTS

前言

第一章　电子竞技概述 ……………………………………………………… 1
　第一节　电子竞技基本知识 ………………………………………………… 1
　　一、电子竞技概念的起源与探索 ………………………………………… 1
　　二、电子竞技的特性 ……………………………………………………… 2
　　三、电子竞技的意义 ……………………………………………………… 6
　第二节　电子竞技的发展 …………………………………………………… 10
　　一、欧美电子竞技的发展 ………………………………………………… 10
　　二、日本电子竞技的发展 ………………………………………………… 19
　　三、韩国电子竞技的发展 ………………………………………………… 20
　　四、我国电子竞技的发展 ………………………………………………… 22
　第三节　电子竞技的项目类型 ……………………………………………… 27
　　一、虚拟化与虚构化 ……………………………………………………… 27
　　二、对战类与休闲类 ……………………………………………………… 29
　第四节　正确认识电子竞技 ………………………………………………… 33
　　一、电子竞技与网络游戏的联系与区别 ………………………………… 33
　　二、电子竞技与竞技体育的联系和区别 ………………………………… 36
　　三、电子竞技游戏防沉迷与保护 ………………………………………… 38
　　拓展思考 …………………………………………………………………… 39

第二章　电子竞技产业的发展环境 ………………………………………… 40
　第一节　政治法律环境 ……………………………………………………… 40
　　一、早期电子竞技政策与事件 …………………………………………… 40
　　二、中期电子竞技政策与事件 …………………………………………… 44
　　三、当今电子竞技政策与事件 …………………………………………… 46
　第二节　市场经济环境 ……………………………………………………… 49
　　一、市场格局与市场份额 ………………………………………………… 49
　　二、用户群体的分布情况 ………………………………………………… 51
　第三节　社会地位环境 ……………………………………………………… 53
　　一、早期的陌生阶段 ……………………………………………………… 53
　　二、中期的边缘化阶段 …………………………………………………… 54
　　三、当前的规范化阶段 …………………………………………………… 54
　　拓展思考 …………………………………………………………………… 55

目录

第三章 电子竞技赛事概述 ……………………………………………………… 56
第一节 电子竞技赛事的起源与发展 ……………………………………… 56
一、萌芽期的电子竞技赛事（20世纪70年代~20世纪90年代）……… 56
二、初见雏形的电子竞技赛事（20世纪90年代~21世纪初）………… 57
三、迅速发展的电子竞技赛事（21世纪初~21世纪10年代）………… 58
四、逐渐成熟的电子竞技赛事（21世纪10年代至今）………………… 59
五、电子竞技赛事历程汇总表 ……………………………………………… 59
第二节 电子竞技赛事分析 …………………………………………………… 60
一、电子竞技赛事类型分析 ………………………………………………… 60
二、电子竞技赛事市场分析 ………………………………………………… 61
三、电子竞技赛事运营模式分析 …………………………………………… 63
四、电子竞技赛事用户群体分析 …………………………………………… 66
五、电子竞技赛事相关岗位分析 …………………………………………… 74
第三节 经典电子竞技赛事 …………………………………………………… 76
一、任天堂世界锦标赛 ……………………………………………………… 76
二、职业电子竞技联盟（CPL）…………………………………………… 77
三、电子竞技世界杯（ESWC）…………………………………………… 78
四、世界电子竞技大赛（WCG）…………………………………………… 79
五、全国电子竞技运动会（CEG）………………………………………… 80
六、世界电子竞技大赛（WEG）…………………………………………… 81
七、英特尔极限大师杯赛（IEM）………………………………………… 82
八、全球星际争霸Ⅱ联赛（GSL）………………………………………… 83
九、暴雪嘉年华（BlizzCon）……………………………………………… 83
十、英雄联盟全球总决赛 …………………………………………………… 84
十一、DOTA2国际邀请赛（TI）…………………………………………… 86
十二、世界电子竞技大赛（WCA）………………………………………… 87
十三、全国电子竞技大赛（NEST）………………………………………… 88
拓展思考 ………………………………………………………………………… 89

第四章 电子竞技俱乐部 …………………………………………………… 90
第一节 电子竞技俱乐部概述 ………………………………………………… 90
一、职业体育俱乐部 ………………………………………………………… 90
二、职业电子竞技俱乐部 …………………………………………………… 91
三、我国电子竞技俱乐部联盟 ……………………………………………… 93
第二节 我国电子竞技俱乐部的发展与现状 ……………………………… 95
一、我国电子竞技俱乐部的形成 …………………………………………… 95
二、我国电子竞技俱乐部的运营现状 ……………………………………… 96
三、我国电子竞技俱乐部组建模式分析 …………………………………… 100
四、我国电子竞技俱乐部的组织结构与职能分析 ………………………… 101
五、职业电子竞技选手的培养与训练 ……………………………………… 102
第三节 我国电子竞技俱乐部发展剖析 …………………………………… 105
一、制约我国电子竞技俱乐部发展的内部因素 …………………………… 105

二、制约我国电子竞技俱乐部发展的外部因素 …………………… 106
三、我国电子竞技俱乐部未来发展对策 …………………………… 107
拓展思考 ……………………………………………………………… 110

第五章 电子竞技泛娱乐产业 ………………………………………… 111
第一节 直播平台 …………………………………………………… 111
一、网络直播的定义、分类及发展历程 …………………………… 111
二、直播平台变现方式 ……………………………………………… 114
三、网络直播的传播特点 …………………………………………… 114
四、直播平台的多元化发展 ………………………………………… 115
五、网络主播的发展现状 …………………………………………… 116
六、网络直播的现状分析 …………………………………………… 116
七、网络直播存在的问题 …………………………………………… 117
八、网络直播行业的未来之势 ……………………………………… 119
第二节 视频网站 …………………………………………………… 120
一、视频网站发展史 ………………………………………………… 120
二、我国视频网站的进化脉络 ……………………………………… 122
三、我国视频网站的未来亮点 ……………………………………… 124
四、视频网站进军电子竞技 ………………………………………… 125
第三节 自媒体 ……………………………………………………… 128
一、自媒体定义 ……………………………………………………… 128
二、自媒体运营与发展现状 ………………………………………… 128
三、自媒体发展趋势 ………………………………………………… 131
拓展思考 ……………………………………………………………… 136

第六章 电子竞技产业未来发展 ……………………………………… 137
第一节 新兴技术的驱动 …………………………………………… 137
一、5G技术与电子竞技 ……………………………………………… 137
二、AR\VR与电子竞技 ……………………………………………… 140
三、人工智能与电子竞技 …………………………………………… 142
第二节 移动电子竞技的崛起 ……………………………………… 144
一、移动游戏市场分析及预测 ……………………………………… 144
二、移动电子竞技产业发展探索 …………………………………… 146
第三节 电子竞技新型经济的诞生 ………………………………… 147
一、电子竞技小镇 …………………………………………………… 147
二、电子竞技旅游 …………………………………………………… 149
三、电子竞技酒店 …………………………………………………… 149
第四节 电子竞技教育爆发 ………………………………………… 150
一、火热市场背后出现的教育问题 ………………………………… 150
二、电子竞技教育未来展望 ………………………………………… 152
拓展思考 ……………………………………………………………… 153

参考文献 ………………………………………………………………… 154

第一章 电子竞技概述

能力目标

1. 了解电子竞技的相关概念和特征。
2. 了解电子竞技在不同国家的发展情况。
3. 重点了解电子竞技与网络游戏的区别，以及电子竞技与竞技体育之间的关系。

素养目标

用辩证的眼光正确看待电子竞技，结合社会主义核心价值观，思考如何正确地引导电子竞技积极向上地发展，让其成为一个对社会有益处的新兴产业。

第一节 电子竞技基本知识

一、电子竞技概念的起源与探索

最早的电子竞技是随着游戏诞生的。1962 年，麻省理工学院的学生 Steve Russell 和他的几位同学设计了一款双人射击游戏《Space War》（以下称为《太空战争》）。也不知道是哪个脑洞大开的人提出，用这款游戏来举办一场比赛，并且在当时还拉到了赞助。于是 1972 年，斯坦福大学的学生被邀请参加名为"Intergalactic Space War Olmpics"的《太空战争》竞赛，这就是电子竞技的起源，这场比赛也是电子竞技第一场比赛，由此也产生了世界上第一批电子竞技比赛获奖者。到了 20 世纪 80 年代，达到竞技层面的游戏越来越多，如格斗类、飞行射击类等，但依旧是人机互动，电子竞技的概念依旧十分朦胧。20 世纪 90 年代，俄罗斯国际象棋世界冠军卡斯帕罗夫和计算机"深蓝"分别于 1996 年、1997 年展开对决，这两场人机大战一度被认为开创了电子竞技的先河。虽然现在，单纯的人机互动已经不再属于电子竞技的范畴，但不可否认的是，当前电子竞技强调的"人人对战"其实是从"人机对战"的基础上发展而来的。

2003 年对我国电子竞技行业来说是一个重要的发展节点。这一年的 11 月 18 日，国家体育总局正式将电子竞技列入我国的第 99 个体育项目，并首次由官方明确了电子竞技的概念，将其定义为以信息技术为核心，以软硬件设备为媒介，在信息技术营造的虚拟环境中、在体育竞赛规则下进行的对抗性益智电子游戏运动。同时指出了电子竞技运动与传统体育运动项目之间的共同点：能够锻炼和提高参与者的思维能力、反应能力、协调能力、意志力和团队精神，以及对现代信息技术社会的适应能力，促进人的全面发展和提升。

从官方对电子竞技的定义以及相关学者对电子竞技的解读不难看出，运用体育的概念来解释电子竞技有着天然的优势，即在体育运动的范畴之下对电子竞技进行解读。

《辞海》中对"竞技运动"和"体育运动"的解释均为：最大限度地挖掘和发挥人体运动的潜能，显示个人和团体的体育运动实力，以创造优异成绩、战胜对手为目的的人体运动，是具有竞赛特点和较高技术要求的运动项目的通称。

以运动、体育、竞技的概念为出发点来解释电子竞技，其实是将电子竞技看成了传统体育运动的延伸，是新技术条件下诞生的新兴体育运动，二者之间只存在开展平台和实施空间这两个方面的差异。确切地说，电子竞技理应属于数字体育的范畴。这种将电子竞技归类于体育运动的解读方式主要落实于两个基本元素：电子和竞技。其中，电子是方式和手段，规定了这项体育运动实施的范围和开展的条件；竞技是竞赛和比赛，强调人与人之间的对抗，是现代体育比赛最基本的特性。

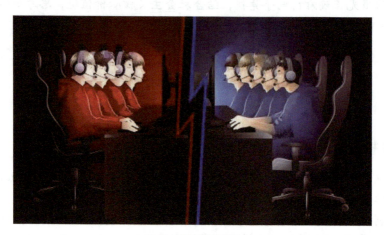

电子、竞技与对抗

二、电子竞技的特性

特性，指的是一种事物区别于其他事物的显著特点，这些特点能够让该事物形成独特的、稳定的标记。电子竞技也具备这样的特性，这些特性支撑起电子竞技作为新生事物的立论，主要包括文化性、虚拟性、大众性、竞技性、规则性和社交性六个方面。

（一）文化性

1. 游戏文化

游戏本身是电子竞技游戏文化的重要体现和载体，电子游戏通常会采用故事化的表

第一章 电子竞技概述

达方式,以一定的文化资源为依托,对游戏进行内容重组和形式编排,通过技术实现情景再现,让电子竞技游戏玩家获得较为直观的文化体验。

一般来说,电子竞技的背景和主题主要包括历史、神话、传说、典故、科技、军事、幻想等方面。例如,以架空世界(虚构的世界观)为背景的《魔兽争霸Ⅲ》《英雄联盟》等;以军事对抗为主题的《反恐精英》《坦克世界》《绝地求生》《穿越火线》等。

《英雄联盟》游戏文化展示

2. 赛事文化

文化是相对于经济、政治而言的人类全部精神活动及其产品。文化既包括世界观、人生观、价值观等具有意识形态性质的部分,又包括自然科学和技术、语言和文字等非意识形态的部分。

纵观电子竞技各项赛事,其文化主要体现在各参与者身上,他们共同组成了缤纷多彩、庞大的赛事文化。例如,举办方在遵循体育精神和竞技原则的前提下成功举办赛事,塑造了赛事品牌和影响力,成为了一种令人向往和期待的电子竞技文化符号,促进了行业发展;选手们通过个人努力和团队协作,努力拼搏,争夺冠军,体现出了体育竞技精神,体现出了正确的人生观和价值观;观众观赛、为选手加油,体现了对生活的热爱、对电子竞技的热爱，丰富了生活情操；媒体尽职尽责、客观公平地报道赛事，传递了电子竞技正能量；举办城市因为赛事的举办，增加了一种独特的文化魅力，对城市其他产业发展产生促进作用。

电子竞技赛事现场展示

（二）虚拟性

虚拟是人们依据自己的想象力而规划出的事物或想法，这些事物或想法在客观的现实世界中并不一定存在。电子竞技的虚拟性主要体现在以下两点：

1. 客体的虚拟性

电子游戏的重要属性之一是客体的虚拟性。游戏中的高山、峡谷、河流、森林、云朵、日月星辰、植物、动物等自然景观，以及城市、堡垒、房屋、道路、车辆、武器装备、服饰等人文景观虽然都是以现实世界为蓝本塑造出来的，但它们都是虚拟的，而不是客观存在的现实事物。另外，电子游戏中还可以添加现实世界中不存在的事物或元素，这些事物或元素能够极大地满足游戏玩家对未知世界或未来社会的憧憬和想象，是电子游戏的一大魅力。电子竞技是电子游戏的一种，自然也具备这个特性。

2. 主体的虚拟化

电子竞技的主体指的是游戏玩家，玩家不能直接置身电子竞技游戏之中，而是必须创建一个虚拟角色，通过键盘、鼠标等工具控制这个虚拟角色做出各种行为。也就是说，玩家的主观意志和布局谋略必须借助虚拟角色来实现，比如"飞檐走壁""施展魔法""击败怪物""购买物品"等行为，都是通过虚拟角色来完成的。此外，大部分时候，在电子竞技游戏中，玩家对彼此的性别、年龄、职业等真实信息是不知道的，除了电子竞技游戏中的这个虚拟角色本身是"真实"的以外，其他信息都是虚拟的、模糊的。

电子竞技的虚拟性

（三）大众性

电子竞技内容丰富、形式新颖，加上在当前这个信息化大发展的时代中，参与电子竞技所需的硬件和软件普及度很高，这就使电子竞技在广泛流行和推广方面极具优势。因此，电子竞技毫无疑问属于大众文化的范畴。电子竞技可以作为大众性娱乐项目，主要体现在两个方面：

一是不同于传统体育竞技项目，电子竞技对参与者的身体素质要求不高。传统体育竞技项目，比如篮球、足球、赛马、游泳、田径等，要求参与者必须具备某一方面的身体特长或技术特长。在身体素质的限制下，未成年人、中老年人等群体参与这些竞技项目的积极性并不高。但是，电子竞技是以智力对抗为主的一种游戏方式，受身体素质的影响并不大，所以从理论上来说，孩子和老人同台竞技是完全可以实现的，这就决定了电子竞技拥有广泛的受众。

二是电子竞技受客观环境的影响较小。电子竞技属于室内运动，天气、场地等对其限制非常小，只要有一台计算机及其关联器材就可以进行了。随着开发技术日趋成熟，各类电子游戏应用软件的品种越来越丰富，各具特色的游戏画面和模式能够充分满足不同人群的游戏需求。因此，电子竞技游戏更受到普通人群，尤其是青少年人群的欢迎，具有很高的普及度。

（四）竞技性

电子竞技包含两大元素：电子和竞技。电子体现的是电子竞技的载体和方式，竞技则体现了电子竞技的对抗性。其中，竞技也是区分电子竞技游戏和其他类型的游戏的重要因素。

电子竞技的兴起与发展和游戏职业化趋势有着密切的联系。电子游戏在发展的最初阶段，侧重点是游戏本身。但是随着游戏技术的不断完善和成熟，游戏爱好者的兴趣交流渐渐转向了竞争层面，将一局（场）游戏的胜负作为重要的衡量标准。于是，"比赛"这种新的游戏形式诞生了，新的形式又衍生出了新的玩家群体，部分玩家致力于提高自身的技术水平，通过在电子竞技游戏比赛中取胜获得利益，他们就是电子竞技职业玩家，相当于传统体育竞技项目中的运动员。

对业余玩家来说，电子竞技只是一种爱好，是生活的调剂品；但是对职业玩家来说，电子竞技是他们的工作和职业。相对于业余玩家而言，职业玩家必须通过大量艰苦繁重的训练提升自己的竞技水平，一些职业玩家甚至以赛事奖金谋生。

（五）规则性

和传统体育竞技项目一样，电子竞技也有一套强制性的竞赛规则，这套规则对比赛的内容、方式、时间、人数、胜负判定等都有详细、明确的规定，要求所有参与者必须严格遵守，体现了电子竞技公开、公平、公正的特点。

按照规则性来划分，游戏可以分为三个层次：玩耍、游戏、竞技。玩耍是最基本的游戏活动，没有规则的限制，十分随意；游戏指的是有一定的规则，但是规则可以根据参与者的意愿随意变更的游戏活动；竞技指的是拥有一套由国际权威组织通过一定程序确定下来的规则的游戏活动。

在世界级电子竞技比赛中，任何国家、地区的参赛者都必须遵守预先制定的规则。这些规则和规范通过电子竞技项目内的限制表现出来，通过文字提示和例行检查贯穿整个竞技活动的始终，涵盖了对活动场地的规范、对参赛者行为活动的限制、对判定方法的规范等内容，是一套全面、完整的规则体系。即使是中型或小型的电子竞技比赛，也要制定一套规则，一旦确定就不可更改，所有参赛者都必须遵守，这就是电子竞技的规则性。

（六）社交性

从交互性方面来看，在电子竞技游戏中，无论是和队友之间的配合还是和对手之间的竞争，都需要借助语言或者语言符号来进行沟通。

通过多样化的议程设置，可以丰富与电子竞技相关的传播内容和传播渠道，从而促进玩家之间的交流与沟通，电子竞技因此成了人与人交往的一种"新媒介"。由于网络打破了时间、地域的限制，大量电子竞技游戏参与者可以在游戏中获得与众不同的参与感，并且参与彼此之间的互动交流。随着移动电子竞技时代的来临，更多社交元素进入电子竞技游戏，加上网络电子竞技直播时代带来的大量互动和交流，就使电子竞技成了连接大众交流的一种纽带，是一种全新的社交方式。

三、电子竞技的意义

电子竞技对许多年轻人尤其是80后、90后来说都不陌生，作为当下热门的娱乐体验之一，电子竞技融合了体育与娱乐、传统媒体与大众消费，横跨互联网，是文化产业一颗"冉冉升起的新星"。

虚拟，豪华的电竞世界

（一）体现了体育竞技精神和爱国主义精神，传递正能量

竞技的目的是为了获胜、为了拿冠军。电子竞技是一个残酷的职业竞技场，只有"重复一千遍"、付出不亚于任何人的努力才能拿到冠军、获得成功。例如《魔兽争霸Ⅲ》训练中，韩国著名选手张载豪（Moon）每天训练时长达15小时，我国著名选手李晓峰（Sky）为了演练一个战术，甚至会专注地连续训练18小时。无论哪个电子竞技项目的职业选手，想要获得冠军，必须勤奋、坚持、自律、勇于拼搏、追求梦想，这些过程无一例外地体现出了值得任何人尊敬的体育竞技精神。参加国际赛事的过程中，电子竞技职业选手团结协作、勤奋训练并研究对手，在与国际竞争对手的交流和比赛对抗中坚定信念、不屈不挠，为争夺冠军升起五星红旗并播放国歌不懈努力，这体现出了中华民族精神的核心：爱国主义。

2001年，我国《星际争霸》选手马天元（MTY）在世界电子竞技大赛（以下简称WCG）上为我国摘得首枚金牌；2005年，李晓峰（Sky）在WCG上夺得我国第一个《魔兽争霸Ⅲ》单人项目冠军；2012年，iG DOTA2战队在美国西雅图举办的DOTA2国际邀请赛上为我国首夺冠军；2018年，电竞国家队在雅加达亚运会英雄联盟表演赛上夺得冠军，同年 iG 战队在英雄联盟全球总决赛上夺得冠军。当五星红旗冉冉升起、播放国歌时，那一幕幕场景感动了无数人，淋漓尽致地体现出了体育竞技精神和爱国主义精神。

2018 年，一批电子竞技职业选手参加了由团中央组织与发起的《中国青年好网民》的演讲活动，向更多的人讲述了很多人都陌生的电子竞技行业以及他们的努力和艰辛，传递了电子竞技正能量。

（二）促进了相关产业的发展

电子竞技行业发展迅速，根据相关数据显示，2015 年我国电子竞技市场规模为 306 亿，而 2018 年已经高达 863 亿，2019 年有望突破千亿；2015 年，我国电子竞技行业用户规模为 1 亿，而 2018 年，用户规模已经超过 3 亿。电子竞技行业涉及游戏开发、比赛、俱乐部、软硬件设备厂商、媒体、赞助与投资、周边商品等诸多环节。这些环节涉及多个产业且关联性较强，在电子竞技行业迅速发展下也得到了充分的发展，产生出了巨大的经济效应，可以说，年轻且发展迅速的电子竞技为相关产业的发展提供了强大的推动力量。

（三）产生新岗位，促进就业和职业技能培训

根据人社部发布的《新职业——电子竞技员就业景气现状分析报告》来看，随着电子竞技市场的不断被开拓，国际电子竞技赛事的竞争也呈现白热化。据不完全统计，2018 年国内热门电子竞技赛事超过了 500 项，我国已经成为世界上最具影响力和最有潜力的电子竞技市场。随着电子竞技产业规模的扩大，电子竞技用户数量和电子竞技观众规模不断提升，预计未来电子竞技赛事也会呈爆发式增长。随着电子竞技赛事在全球范围内的发展，对于高层次、高水平、高素质的电子竞技员、电子竞技运营、电子竞技媒体等相关岗位的需求也变得越来越迫切。培养高水平、高素质的电子竞技员，能够整体提升电子竞技选手的职业素养，大大提升电子竞技赛事的竞赛水平和整体质量，从而也提升电子竞技赛事活动的观赛体验和影响力。当前，"电子竞技员"和"电子竞技运营师"这两个新职业的设立，对建立健全电子竞技选手的规范化管理和职业标准，进一步保证和提升电子竞技赛事的竞技水平和质量，满足广大电子竞技爱好者的需求，提高企业经济效益、推动电子竞技行业更好、更快地发展具有重要的意义。

目前我国正在运营的电子竞技战队（含俱乐部）多达 5000 余家，电子竞技职业选手约 10 万人，还有大批量半职业、业余电子竞技选手活跃在各种中小规模电子竞技赛事的赛场上。同时，大量电子竞技员在各个电子竞技俱乐部和电子竞技相关平台从事电子竞技教练、电子竞技数据分析以及电子竞技项目陪练等相关工作。当前电子竞技员的整体从业规模超过 50 万人，遍布在全国的一二三线的众多城市，北京、上海、南京、西安、广州、成都、重庆等地为从业人员高密度聚集区。另外，山东、浙江、安徽、湖南、辽宁等地的电子竞技小镇建设也带动了周边省市的电子竞技就业的发展。

电子竞技小镇

电子竞技市场的发展需要大量的电子竞技员和电子竞技运营师投入到产业运作中，通过提升电子竞技的技术水平和运营水平、电子竞技的娱乐性和观赏性，带动以电子竞技赛事为核心的电子竞技产业发展，拉动经济，提升整体产业规模。据不完全统计，目前只有不到15%的电子竞技岗位处于人力饱和状态，预测未来五年电子竞技人才需求量近200万。由此可见，电子竞技行业岗位量空缺大，专业人才极为缺乏，职业技能培训亦迫在眉睫。

（四）引领体育新时代

电子竞技从陌生到熟悉、从不理解到推动、从恐惧到正视，经过几十年的艰辛发展，逐渐被认可与接受。无论是人民网、新华网、共青团，还是各家媒体，又或者是广大群众，都在为电子竞技树立正面且积极的形象，引导这个行业良性发展。国家也越来越重视发展电子竞技，近几年频繁发布相关政策促进其发展。电子竞技开始潜移默化地为传统体育注入新元素、新活力，将传统体育带入了一个全新的时代。

电子竞技与传统体育的新时代

第二节　电子竞技的发展

美国、欧洲各国、日本、韩国和中国在世界电子竞技发展史上都做出过巨大贡献，可以说它们代表了电子竞技的发展，也是其历史的最佳见证者。美国是电子竞技游戏的主要开发者，虽然早期发展较慢，但近几年电子竞技行业发展极为迅速；欧洲各国的电子竞技虽然发展得不温不火，但在赛事举办、俱乐部管理、行业协会等方面为电子竞技的发展做出过重要贡献，近几年不少国家开始大力发展电子竞技行业；韩国发展出令世界瞩目的电子竞技新产业，直至今日其产业模式被各国争相效仿；日本的电子竞技发展虽然不够迅猛，但独树一帜地将格斗类电子竞技游戏推向了世界；我国的电子竞技从网吧开始到现在，从不认可到认可，历经波折，近些年发展迅猛，已经成为全球最大的电子竞技市场，其产业潜力不可限量。

一、欧美电子竞技的发展

（一）美国电子竞技的发展

1962年，麻省理工学院的学生Steve Russell和他的几位同学设计了一款双人射击游戏《太空战争》并于1972年举办了一场比赛，这是美国电子竞技第一场比赛，也是全世界电子竞技的起源。

1986年，美国ABC频道直播了两个孩子通过任天堂开发的游戏机进行比赛的全过程，至此美国电子竞技的雏形逐渐形成。但由于当时技术和认识受限，对大多数美国民众来说，电子竞技和游戏之间的界限和区分还不是那么清晰。美国电子竞技继续伴随着各类新游戏的诞生，朦胧前行，直至20世纪90年代。

1995年，美国Westwood Studios公司推出了一款PC端即时战略（以下简称RTS）游戏《Command&Conquer》（以下称为《命令与征服》），这款游戏通过计算机局域网技术实现了以计算机为媒介的人与人同场竞技，至此游戏开始可以作为一种竞技项目登上人类竞技史舞台。《命令与征服》在游戏界掀起了一场重要的变革，它的问世让众多电脑游戏软件开发商对电脑游戏有了新的认识。此后，Westwood Studios联合EA公司，开发了一系列《命令与征服》相关游戏，如《命令与征服：红色警戒》。可以说，《命令与征服》率先创造了"资源采集＋生产建设＋兵团作战"的架构，为之后所有的RTS游戏树立了样板。

同样是在1995年，美国的Kali游戏收费平台推出了一个通过互联网实现多人共同进行游戏的平台，这项技术的出现对竞技类游戏的发展起到了很大的推动作用。

1996年，美国共有娱乐网提出了一个前所未有的设想——将竞技类游戏职业化。这个设想得到了许多电信服务商和计算机硬件厂商的支持，在他们的赞助下，世界首个职业电子联赛PGL（Professional Garners' League，即职业电子竞技联赛）诞生了，并于1997年举办了一场大型电子竞技赛事。

《命令与征服：红色警戒》游戏画面

  1997 年，另一个职业电子竞技联盟问世，它就是美国人 Angel Munoz 创建的 CPL（Cyberathlete Professional League，即职业电子竞技联盟）。在 Angel Munoz 看来，和许多传统的体育竞技项目相比，电子竞技类游戏的竞争性毫不逊色。因此，他认为竞技类游戏在将来会成为一个竞争激烈的职业体育项目。

  1998 年，美国暴雪娱乐公司（以下简称暴雪）重制并发行之前游戏展上饱受争议的 RTS 游戏《星际争霸》。这款 RTS 游戏的可玩度和竞技性极高，很容易在玩家之间形成对抗，加上暴雪还专门为此架设了战网，允许广域网游戏玩家进入局域网游戏。因此，《星际争霸》成为全世界电子竞技最重要的助推器，为电子竞技的发展做出了极为重要的贡献，甚至成为韩国国游，为韩国电子竞技行业的发展起到了不可磨灭的重要作用。时至今日，《星际争霸》在众多玩家心中的地位依旧不可动摇。其寿命因为《星际争霸Ⅱ》的开发延续至今。

  1999 年，美国软件公司 id Software 开发出了一款名为《Quake Ⅲ》（以下称为《雷神之锤Ⅲ》）的第一人称射击类（以下简称 FPS）游戏。《雷神之锤Ⅲ》支持多人网络对战，在世界范围内取得了空前的成功，不仅体现在众多游戏玩家埋头苦练游戏操作技巧以及各媒体、游戏杂志都争相刊发该游戏的对战技巧与研究的文章上，还体现在有组织的《雷神之锤Ⅲ》竞技比赛数量上。欧美各国甚至出现了很多以参加《雷神之锤Ⅲ》竞技比赛获得奖金来谋生的游戏玩家。

《星际争霸》游戏画面

《星际争霸Ⅱ》游戏画面

第一章 电子竞技概述

《雷神之锤Ⅲ》游戏画面

同年，美国维尔福软件公司（以下简称 Valve）采用《半条命》模组，开发出一款在电子竞技史上具有历史意义的 FPS 游戏——《Counter-Strike》(《反恐精英》，以下简称《CS》)。这款游戏对电子竞技的发展起着重要作用，其地位不亚于《星际争霸》。在之后的几年中，其疯狂的流行程度令人难以置信，不仅在美国，甚至在欧洲、亚洲都具有极高的人气，完全将同类型的《雷神之锤》系列打压了下去。其 5V5 团队协作型竞技模式为电子竞技的发展提供了崭新的思路。

《CS》游戏画面

2002 年，随着《星际争霸》掀起电子竞技运动的热潮，暴雪发布了《魔兽争霸Ⅲ》。这款 RTS 游戏是继伟大巨作《星际争霸》之后又一伟大之作，对美国乃至世界电子竞技发展史做出了巨大的贡献。截至 2012 年，《魔兽争霸Ⅲ》由于版本更新乏力、竞技战术固化、游戏画面过时等原因才开始逐渐退出电子竞技赛场的舞台。

《魔兽争霸Ⅲ》游戏画面

从上述看出，在美国乃至世界电子竞技发展早期，风靡世界的电子竞技游戏几乎均由美国游戏公司和开发者进行开发，而且其游戏寿命长达 8~10 年。但令人奇怪的是，美国的电子竞技产业并没有完全发展起来，反倒是造就了韩国电子竞技产业的辉煌，这可能与美国民众传统的理念、生活方式以及诸多生活习惯息息相关。在 2000 年~2010 年，与韩国和中国相比，美国国内参与到电子竞技的职业选手寥寥可数，相关的比赛亦是少之又少。但是美国本土也举办了一些零星的电子竞技赛事，举办得非常规范，媒体、解说、赛事运营与策划、规则设定等环节做得井井有条，当然，这与美国体育、娱乐等成熟产业的发展密不可分。

直到 2011 年，Justin Kan 和 Emmett Shear 在美国旧金山联合创立了一个面向视频游戏的实时流媒体视频平台 Twitch，取得了极大的成功。随后，大量电子竞技游戏直播频道在 Twitch 上如"雨后春笋般拔地而起"，世界各地的电子竞技爱好者可以不受时间和空间的限制，十分便捷地观看想要观看的电子竞技内容，电子竞技运动率先在美国进入了"大直播时代"。

之后，随着美国拳头公司大力推广《英雄联盟》，Valve 大力推广《DOTA2》《CS：GO》等游戏和全球最大的游戏平台 Steam，美国电子竞技迅速发展起来，美国民众开始逐渐接受电子竞技并融入生活，一支支职业战队迅速建立，一个个重量级比赛接踵而至，美国电子竞技市场潜力逐渐释放。

第一章　电子竞技概述

《英雄联盟》游戏画面

《DOTA2》游戏画面

目前，洛杉矶已成为美国的电子竞技中心，注重游戏开发、资本投资、视频分销、建设场馆、设立比赛、建立战队等全产业链的打造。诸多游戏公司如拳头公司、暴雪娱乐公司等都聚集在洛杉矶；在线游戏视频巨头 Twitch、YouTube 等公司总部均设立在洛杉矶；十多家投资机构为洛杉矶的电子竞技初创企业提供资金支持，其中不乏专业的电子竞技风险投资机构；不少电子竞技团队基地建在洛杉矶；ESL、Faceit 和 Major League

Gaming 等电子竞技赛事组织机构在洛杉矶也设有办公室。

2018年，美国电子竞技平台 PlayVS 完成了 B 轮 3000 万美元的融资，致力于打造面向美国高中生或大学生的电子竞技平台，大学的招生人员也能够通过该平台与优秀运动员联系奖学金等事宜。

市场研究公司 eMarketer 的报告指出，2019年美国电子竞技广告营收将超过 1.7 亿美元，同比增长 25%，电子竞技在美国已经成为一项价值数百亿美元的产业。

根据 TNL.MEDIA 统计，2017年美国开设电子竞技的大学、学院就已经超过了 50 所。截至 2019 年，美国著名的俄亥俄州立大学、南加州大学均开设了电子竞技专业，培养电子竞技人才。

（二）欧洲电子竞技的发展

欧洲电子竞技发展与美国有很大不同。2010年以前，电子竞技在欧洲民众的影响力很小，属于小团体的活动，但随着世界电子竞技的发展，欧洲电子竞技近几年发展迅速。

1. 欧洲电子竞技俱乐部

美国将电子竞技游戏推向了世界，欧洲则率先创建并完善了俱乐部模式。早些时候，欧洲电子竞技俱乐部大多由个人或几个人合伙创建，如 1997 年创办的德国电子竞技俱乐部 SK、1999 年创办的瑞典电子竞技俱乐部 Fnatic。2000 年以后，欧洲不少俱乐部运作走在了世界前列，从合同签署、俱乐部运营与管理、赛事参与与奖金分配上，都给其他国家的电子竞技俱乐部发展提供了很好的范本。这种模式经过历年改进，经过十几年的发展，演变为组建专业公司创建电子竞技俱乐部的模式，走向了规范化、专业化运作的道路。但值得注意的是，欧洲电子竞技俱乐部的选手往往来自欧洲不同国家甚至全球，因此只能进行线上训练和管理，只有参与线下比赛或线下集训的时候才会相见。这种模式直至现在依然存在，当然，如今欧洲电子竞技俱乐部数量众多，有些已经可以采用线下集训的模式了。

2. 欧洲电子竞技联盟及著名赛事

1997 年，欧洲就拥有了电子竞技联盟，简称 ESL。该联盟总部位于德国科隆，主要从事欧洲和全球性的电子竞技赛事，旗下有当时电子竞技爱好者熟知的 Go4 和 IEM 等著名赛事。直至今日，由于规范化运作、英特尔公司的持续赞助以及赛事的持续举办，ESL 在欧洲的影响力非常大。2017 年全球超过 3 亿人次观看了 ESL 举办的赛事。

2003 年，法国竞技营销公司 Ligarena 创立了 ESWC（Electronic Sport World Cup，即电子竞技世界杯），前身为欧洲传统电子竞技赛事"Lan Arena"，它与 CPL 和 WCG 并称为世界三大电子竞技赛事。ESWC 初次面世便技惊四座，获得了巨大的成功和大量的关注。2003 年，ESWC 主办方在 Futuroscope 举办了首届电子竞技世界杯，并设立中国赛区。

随着经济危机的到来，ESWC 经历了盛极必衰的过程。在 2006~2008 年之间由于多次拖欠选手奖金使得 ESWC 饱受争议，其后在 2008 年宣布破产。2009 年 ESWC 被

Games Solution 公司收购。之后 Games Solution 公司利用银行保障书作为保证,成功举办了 ESWC2010,但是奖金拒付问题依然存在,之后 ESWC 就逐渐淡出了人们的视野。

据外媒 Games Industry 报道,2019 年 4 月,英国、比利时、德国、奥地利、匈牙利、法国、俄罗斯、斯洛文尼亚、塞尔维亚、瑞典、土耳其和乌克兰共 12 个欧洲国家的代表在柏林举行了一系列会议,最终达成一致,同意成立欧洲电子竞技联盟(European Esports Federation)。该联盟将成为电子竞技行业的协调伙伴,并不是行业的管理机构。参加会议的还有欧洲互动软件联盟、德国游戏产业协会、ESL、StarLadder 和 Freaks 4U Gaming。

3. 欧洲各国电子竞技的发展

电子竞技发展早期,欧洲各国对电子竞技并不感兴趣,甚至有的国家一度不认可电子竞技。但近 10 年来,随着世界电子竞技的发展,欧洲各国的电子竞技行业认可度逐年增加,已经逐渐成为其经济的重要组成部分。

瑞典被誉为欧洲的电子竞技王国,瑞典民众喜欢玩游戏,瑞典各地都建有非常多的网吧,甚至还有超大型电子竞技网吧(有些甚至可以容纳 2 万人)。瑞典很多地区都会举办各类民间电子竞技赛事,拥有极其浓厚的电子竞技文化,培育出不少《CS:GO》《DOTA2》《英雄联盟》等电子竞技项目的知名战队。2011 年,瑞典举办了首届英雄联盟全球总决赛,这让瑞典政府和各行各业看到了电子竞技行业潜藏的巨大潜力。如今,瑞典在电子竞技上的发展为欧洲各国树立了标杆。

瑞典超大型电子竞技网吧

德国从政府层面推动电子竞技是从 2017 年开始的,这一年的 11 月 27 日,德国电子竞技协会(简称 ESBD)正式宣布成立,其主要目的是在本国将电子竞技发展为一项正式的体育项目。德国国家数字化部长 Dorothee Bar 曾在社交网络上公开支持这个新兴的产业，并称电子竞技为体育运动。2018 年初，德国总理默克尔倾听年轻人的声音，承认电子竞技是一种体育项目，并推出了"承认电子竞技、扶持入奥"的口号。同年 2 月，德国宣布电子竞技正式成为体育项目。2018 年 11 月 11 日，德国政府为了推动电子竞技产业的发展，计划斥资 5000 万欧元（约合人民币 3.9 亿元）建立游戏基金，由联邦运输和数字基础设施部来进行管理。这是德国首次从政府层面进行电子游戏产业的投资。

波兰的电子竞技大发展是从一座名叫卡托维兹的小城开始的，全城人口不过 30 万人。但 2013 年这座小城举办了 ESL 旗下的 IEM 赛事，一下就吸引了 17.3 万人次的游客来访量，在为期 6 天的比赛中获得了高达 2200 万欧元的广告收益（折合人民币 1.7 亿元左右）。数年过去，这座城市已经成为世界最大的电子竞技赛事中心之一，并由波兰电子竞技之都向欧洲电子竞技中心发展。2019 年，波兰《FIFA》电子竞技项目国家队由总统亲自建立。波兰总统说："如果说国际象棋和桥牌是体育运动，那么意味着电子竞技也是。电子竞技能锻炼玩家的动手操作能力和反应能力，毫无疑问可以归入到体育运动一类。"

在卡托维兹举办的电子竞技赛事现场一角

英国的电子竞技是近两年发展起来的，但发展速度极快。2019 年 7 月，根据英国高等院校运动协会收集的数据显示，英国 73 所高校共注册 685 支电子竞技队，而足球队数量是 662 支——这意味着，电子竞技队历史上首次成为英国高校数量最多的"运动队"。不过与荷兰相比，在英国，虽然出现了不少知名电子竞技职业选手，但具备重大影响力的电子竞技赛事却少得可怜。不过，从直观的数据上来说，从事电子竞技已经成为英国年轻人心目中一个加权极重的选择。

ESWC 电子竞技赛事虽然源于法国，但法国人更热爱主机游戏，对 PC 游戏和移动端游戏并不感兴趣。不过，法国人对《FIFA》系列 PC 游戏情有独钟。从 2015 年开始，不少法国职业足球俱乐部就加大了电子竞技的投入。目前至少有 7 支法甲的足球俱乐部投资了电子竞技,而他们选择的电子竞技项目自然是同足球有关联的《FIFA Online》。2016 年 1 月,法国体育电视台 Equipe 21 开设法国第一个关于足球游戏《FIFA 16》的电视节目。2017 年,巴黎举办过《英雄联盟》欧洲赛区决赛,这同样让法国政府和各行各业看到了电子竞技所带来的巨大竞技效应、产业发展和就业。法国从政府层面发展电子竞技则要从 2018 年开始算起,这一年 11 月 8 日,法国政府在经过互联网协商会议后修改了《数字及电子产品管理法》,将电子竞技列入法国政府正式认可的体育项目,也意味着政府将介入电子竞技行业。2019 年,英雄联盟全球总决赛将在法国巴黎举办,巴黎副市长表示:"巴黎市议会已将电子竞技作为其文化战略发展的关键项目之一,这次总决赛的举办将使巴黎成为欧洲电子竞技之都。"

二、日本电子竞技的发展

由于日本游戏文化的特殊性,日本人尤其热衷主机游戏(如 PS 主机游戏)、街机游戏,因此全球火爆的电子竞技游戏在日本的普及非常有限。电子竞技在日本的发展,集中体现在格斗类电子竞技游戏上,以街机为主。

1991 年,日本和美国出现了以《街头霸王》等大型电玩格斗游戏为主的街机对抗比赛。当时互联网刚刚兴起,街机格斗文化正是通过互联网迅速形成了自己的电子竞技运动社群。

《街头霸王》游戏界面

1994 年 12 月,日本著名家用电器索尼公司成功开发出 Play Station(简称 PS,索尼第一代游戏平台)一代,它是世界上第一个以光盘为游戏载体的家用游戏机。PS 主机一经推出就大获好评。当然,PS 主机的成功还有一个更为重要的意义,那就是推动了 PC 游戏的诞生,在那之后也就迎来了全世界的 PC 游戏热潮。

此后,日本游戏开发商开发了《拳皇》系列、《侍魂》系列等诸多格斗街机游戏。从 2002 年开始,日本著名的街机游戏杂志《月刊 ARCADIA》开始举办日本最著名的电子竞技赛事《斗剧》，比赛项目主要是知名的街机格斗类游戏。2007年，我国著名的ID为"小孩"的电子竞技选手应邀参赛，最终获得了《拳皇98》项目的冠军。比较遗憾的是，由于电子竞技在日本受众面太窄，《斗剧》于2013年停办。

时至今日，日本的电子竞技依旧规模不大。但不可否认的是，日本对游戏及其设备的开发、对格斗类电子竞技项目的贡献，在历史上有着不可磨灭的重要作用。

三、韩国电子竞技的发展

电子竞技诞生于美国，但是将其真正从竞技类游戏转变为职业竞技运动的是韩国。韩国针对电子竞技运动出台了许多力度较大的支持政策，让电子竞技在韩国始终拥有良好的发展环境和发展基础，即便是在现在，无论是产业发展方面还是在竞技水平方面，韩国电子竞技始终保持着全球的最高水准。

（一）经济、政策层面

1997年，亚洲金融风暴来袭，国土面积小、资源有限，持依赖性经济模式的韩国备受打击，实体产业面临崩盘，大批企业员工失去工作，而一些刚走入社会的学生也因为当时经济不景气找不到工作，只能待在家中无所事事。此时的他们用来打发这段时光的，就是电子游戏了。这时，恰好暴雪娱乐公司在1998年推出了《星际争霸》，合适的时机加上暴雪的影响力，《星际争霸》在韩国火速流行开来。这让当时的韩国政府看到了经济复苏的曙光。韩国政府决定大力扶持一批新兴的、不太受资源和土地等传统因素制约的产业，比如电影电视产业、电子游戏（包括电子竞技游戏）产业。

除了对电子游戏进行巨额投资外，在"文化立国"战略指引下，韩国政府在政策、税收、配套服务等方面都给予了最大便利。例如，启动全国的宽带加速计划，使得韩国成为当时世界上网速最快的国家，之后每一年国家层面都会提出"促进通信宽带技术"的发展政策；原先需要有特殊贡献的人才能免除的，韩国人必须遵守的义务之一——服兵役，也可以为当时的电子竞技职业选手打开特别通道，电子竞技选手们都可以延期服兵役。经过二十多年发展，韩国电子游戏产值已超过汽车制造业，跻身国民经济的三大支柱产业之一。韩国电子游戏出口额占据了韩国文化输出的50%。

（二）媒体层面

在韩国电子竞技发展早期，韩国电视媒体是最主要的渠道和平台。1999年初，OGN以独立、专业的游戏电视台的姿态成立，并坚定地走电子竞技职业化之路。OGN争取到了赞助商的资金支持，将比赛放到大型场馆举行，并且请来了世界上最优秀的玩家参加比赛。这些世界一流水准选手的对抗不仅提高了电视台的收视率，还让赞助商看到了其中的巨大商机，进而投入更多资金，更多不同类型的媒体争先涌入电子竞技。媒体的宣传也使得一些职业选手成为受人认可的公众人物，在国际上产生了不小的影响。正如美国《英雄联盟》知名职业选手Double lift所说："我敢跟你打赌，每个国家、地区都有一个Faker，任何地方一定都有像Faker一样强的人。韩国人只是强在能够把这个Faker找出来，把他变成全世界心中的神。"在这方面，全球没有一个国家敢说自己比韩国更有"造星"经验，在媒体的助推下，电子竞技成为了韩国年轻人的核心文化之一，其赛事举办也是一件相当严肃、认真的事情。

（三）赛事层面

韩国电子竞技赛事自诞生以来，就以高标准进行策划与运营。舞台设计、选手服饰、媒体采访、现场环节、解说、直播和转播、报道研讨等各环节都建立了非常规范的流程和管理制度，堪称行业典范。如韩国举办的WCG赛事，曾经是世界上最著名的电子竞技赛事，连续举办了14年之久。韩国国内的各项电子竞技赛事的举办质量都相当高，至今都是全世界学习和模仿的对象。

（四）电子竞技俱乐部与选手训练层面

韩国电子竞技俱乐部诞生之际，借鉴国际足球、篮球俱乐部的诸多成功经验，管理、运营走的是规范化、职业化运作道路，对职业选手的训练非常系统，所以韩国职业选手的职业道德素养较好，竞技水平、心理素质较高。

（五）行业协会规范化运作层面

KeSPA是韩国职业电子竞技协会的简称，他们几乎负责了韩国电子竞技的全部，目前包括《星际争霸》《DOTA2》《英雄联盟》等20多个电子竞技项目。

2000年，经过韩国文化体育观光部的批准，KeSPA正式成立。该组织负责韩国电子竞技赛事的举办、新电子竞技项目的立项、电子竞技选手的合同签订以及电子竞技在韩国的宣传工作。简单地说，KeSPA像一个官方中介和得力助手，把俱乐部、选手、赛事方等各方的人聚集在一起互相沟通，彼此合作。

KeSPA logo

KeSPA在韩国代表着官方，有着绝对的话语权，协助政府监管的同时，也保证了选手和俱乐部的商业利益。这就是为什么韩国选手很少曝出合同纠纷，因为在前期KeSPA就将选手的收入控制在了合理的范围，最大程度地保证多方的利益。在KeSPA建立后，韩国电子竞技在电视上得到了更好的传播。如OGN、MBC Game、GOMTV等都曾与

KeSPA 有过合作。

最终，以 KeSPA 带头，形成了"协会＋俱乐部＋电视台"的模式。在主流媒体的支持下，并且还有国家政策层面的支持，电子竞技顺理成章成为了韩国的国技之一，全国的电子竞技氛围都非常浓厚，电子竞技领域人才辈出，韩国的电子竞技战队也频频摘得国际大奖，这与其优越的电子竞技发展环境密不可分。

四、我国电子竞技的发展

在我国，电子竞技运动的发展起步比较晚，但是发展势头十分迅猛。从 1998 年至今，我国的电子竞技发展大致可以分为四个阶段。

（一）萌芽起步阶段：1998 年~2001 年

1998 年，第一批 PC 游戏伴随互联网走进了我国，其中以《CS》《星际争霸》最为流行。但是由于当时我国互联网环境比较落后，信息流通与游戏联机对战服务并不稳定，大部分电子竞技比赛还处在局域网时代，虽然浩方对战平台已经开始正式运营，但是在缺乏硬件条件支持的大环境下，电子竞技很难得到推广，更不用说形成稳定的产业链了。

2000~2001 年，国内刮起了互联网的"春风"，网吧在国内各地兴起，当时的网吧硬件条件差，而且环境混乱，但就是在这些网吧中，我国电子竞技迈出了早期发展的关键一步。从这个角度可以说，我国电子竞技起源于网吧。

（二）成长探索阶段：2002 年~2008 年

2002 年，暴雪娱乐正式发售《魔兽争霸Ⅲ》，一经推出就风靡世界，我国也出现了"魔兽热"。2003 年，法国竞技营销公司 Ligarena 创立了 ESWC（Electronic Sport World Cup，电子竞技世界杯），当时我国正好爆发"非典"疫情，ESWC 中国组委会克服了许多困难才得以在全国范围内举行预选赛，选拔出《魔兽争霸Ⅲ》《雷神之锤Ⅲ》《CS》3 个项目的 7 名电子竞技选手参加 ESWC 总决赛，虽然战绩不佳，却在一定程度上推动了我国电子竞技运动的发展。

同样是在 2003 年，国家体育总局将电子竞技列入第 99 个正式体育项目、国家广播电视总局批准开办 GTV 游戏竞技频道，我国还在这一年里成立了多家知名电子竞技俱乐部，VS 对战平台开始正式运营。可以说，2003 年是我国电子竞技运动发展的一个重要转折年。但是在紧接着的 2004 年，国家广播电视总局颁布了《关于禁止播出电脑网络游戏类节目的通知》，中央电视台的《电子竞技世界》停播，加之当时我国的电子竞技产业还不完善，导致我国电子竞技运动的发展遭遇了不小的挫折。

GTV 游戏竞技频道

从 2006 年开始，我国电子竞技的媒体传播逐渐回暖。2006 年，电视谈话类节目《鲁豫有约》为国内著名的《CS》电子竞技战队 wNv.gaming（已解散）、国内电子竞技的传奇人物孟阳（Rocket Boy），以及获得 2005 年和 2006 年 WCG 魔兽项目总决赛冠军且有魔兽"人皇"之称的李晓峰（Sky）制作专题节目。同年，GTV 游戏竞技频道开始播放电子竞技节目。

2007 年，NEOTV 开始全程现场直播 WCG 的比赛实况。2008 年，10 名电子竞技运动员成为北京奥运会火炬手；同年，我国成都成功申办 WCG2009 全球总决赛，是我国电子竞技运动发展史上的重要里程碑。

从 2002 年到 2008 年，我国电子竞技运动经历了"发展——停滞——回暖——发展"的历程，虽然期间经历过挫折，但是经过对行业产业链和商业模式的探索，逐步形成了可行的、规范的电子竞技赛事推广与合作模式，实现了成长。随着媒体的宣传报道不断升温，一大批年轻人成为电子竞技运动的爱好者，并诞生了我国第一批电子竞技从业者和平台，其中既包括浩方、VS 等游戏对战平台，也包括游戏研发、媒体宣传、赛事策划与筹办、比赛解说等专业方向的从业人员，以及一批电子竞技职业选手。

（三）蓄势待发阶段：2009 年 ~2012 年

2009 年，金融危机过去一年，韩国网络游戏公司 Neople 于 2005 年发行的 ARPG（动作角色扮演类）PC 游戏《地下城与勇士》、韩国游戏开发公司 Smile Gate 推出的第一人称射击类（FPS）网络游戏《穿越火线》被纳入 WCG 正式比赛项目，成为新兴电子竞技游戏项目中的一部分。加上《DOTA》的突然崛起以及持续火爆，电子竞技产业开始在全球范围内呈现出爆发式增长的趋势。

《地下城与勇士》游戏画面

《穿越火线》游戏画面

《DOTA》游戏画面

同年，WCG 世界总决赛落地我国成都，这是我国首次举办世界级电子竞技赛事，吸引了 65 个国家和地区的 600 多名电子竞技选手参加，观赛人数更是超越了历届 WCG 总决赛的规模，大获成功。

2009 年，我国互联网行业迎来了快速发展期，网民人数激增，互联网媒体平台和全国数字电视得到了普及并日益成熟，在这样的大环境下，电子竞技项目开始去局域网化,其媒体价值被迅速挖掘出来,吸引了以硬件设备供应商、网络游戏运营商、快速消费品企业为核心的大量广告赞助商的投入,我国电子竞技运动由此进入了新兴爆发阶段。

2009年中国成都世界电子竞技总决赛现场图

2010年,暴雪正式发售《星际争霸Ⅱ》,拳头公司研发的《英雄联盟》于2011年由腾讯代理,并正式成为2011年的WCG比赛项目,越来越多的电子竞技游戏进入了我国玩家的视线,老一批的传统电子竞技游戏项目被逐步取代。同年,我国电子竞技运动工作会议在北京召开,肯定了电子竞技是人类社会发展进入信息时代后产生的一项新兴的竞技运动,是信息技术与人工智能技术相结合的产物,是全民健身的新内容。

2010年我国电子竞技的另一件标志性事件是:国内第一个拥有自主知识产权的电子竞技联赛ECL(E-sports Champion League,即电子竞技冠军联赛)在国家体育总局和北京市人民政府的肯定和支持下举办。该项赛事的总奖金高达100万元人民币,面向全国电子竞技爱好者,来自全国各地的10万名选手参加了海选,单场网络直播的同时在线人数超过200万人次,开启了我国电子竞技运动的新纪元。

2012年,WCG总决赛在昆山国际会议中心开幕,WCG已第二次落地我国,这是世界电子竞技运动对我国电子竞技的肯定,不仅体现了我国电子竞技的发展已经形成规模,同时也推动了我国电子竞技运动的普及与推广。

2009~2012年,多人在线战术竞技(MOBA)游戏《DOTA》是国内最火爆的电子竞技游戏,即便是《星际争霸Ⅱ》和《穿越火线》都无法超越其人气和地位。超级玩家网站和RN(Replay.net的简称)论坛、11对战平台和浩方对战平台因为《DOTA》,活跃量达到巅峰,游戏风云、NEOTV等游戏频道大受欢迎,徐志雷(BurNing)、伍声(2009)、邹倚天(820)、姜岑(YYF)等诸多知名职业选手成为众多玩家的偶像,董灿(DC)、张宏圣(BBC)、海涛等一批优秀解说征服了挑剔的观众,EHOME、LGD、DK等一批优秀战队横空出世。这些都见证了这个时期下《DOTA》的辉煌。《DOTA》让这个时期我国的电子竞技向前迈了一大步,其独有的各种创新模式为之后《英雄联盟》和《DOTA2》的辉煌埋下了重重的伏笔。

(四)快速发展阶段:2013年至今

2013年,国家体育总局决定成立电子竞技国家队,参加第四届亚洲室内和武道运动会。亚洲室内和武道运动会是亚洲地区规模最大的包含了室内项目和武道项目的综合运动会,于2007年正式将电子体育纳入比赛项目。国家体育总局成立的这支电子竞技国家队由12名运动员、3名教练、1名领队、1名翻译共17人组成,在人数上超越了保龄球、国际象棋、围棋、体育舞蹈等传统体育项目,他们参加的4个电子竞技比赛项目为《英雄联盟》《星际争霸Ⅱ》《FIFA》《极品飞车》。

《FIFA》游戏画面

国家体育总局的这一举动在当时引起了较大的争议,但就我国电子竞技运动的发展而言有两个重要意义:一是国家层面的支持为我国电子竞技运动的发展创造了宽松的政策环境;二是在一定程度上改变了社会大众对电子竞技运动的认知和态度,让我国的电子竞技运动有了更好的社会基础。2013年以后,国内大大小小的电子竞技赛事纷纷涌现,职业电子竞技俱乐部如雨后春笋般成立起来。

这个阶段,我国民众开始逐渐接受电子竞技这个新事物,《英雄联盟》《DOTA2》《绝地求生》等PC端电子竞技游戏的相继火爆,使得我国电子竞技行业发生了巨大变化。无论从赛事举办还是俱乐部发展,我国电子竞技都朝着一个良性循环的方向发展,甚至2020年后有望成为世界电子竞技最大的市场。

这个阶段,我国电子竞技也发生了新的变化。随着移动互联网技术的日趋成熟和移动智能终端的普及,移动游戏出现爆发式增长。2013年,我国移动游戏的销售收入同比增长246.9%,在这个庞大的数字背后,体现的是我国移动游戏迅猛的发展势头。2015年,英雄互娱、昆仑万通、完美世界、巨人网络等17家游戏企业联手成立了中国移动电子竞技联盟；同年，百度、小米、UC、360和包括华为、联想、OPPO等在内硬核联盟加入中国移动电子竞技联盟。2016年被称为"移动电子竞技的元年"。由腾讯主办的第一届KPL（King Pro League，即王者荣耀职业联赛）观看人数超过3.5亿，参与实时赛事互动的人数超过3600万。2017年，KPL官方全年赛事体系内容观看及浏览量达到103亿人次，秋季赛直播观看达到36亿人次。

KPL职业联赛

目前，在国家体育总局和国家广播电视总局的共同监管下，我国电子竞技运动已经形成了稳定、良好的发展态势，电子竞技上下游产业链正在逐渐有序形成，我国电子竞技市场将成为前景光明的新产业，为社会经济发展、文化建设贡献力量。

第三节　电子竞技的项目类型

对电子竞技游戏进行分类要遵循四个基本原则，一是要符合竞技体育运动的一般规律；二是要与信息技术发展的特征相匹配；三是要和国际惯例和主流接轨；四是要具有中国特色的文化符号。基于这四个原则，电子竞技可以划分为虚拟化和虚构化两种类型，也可以划分为对战类和休闲类两种类型。

一、虚拟化与虚构化

电子竞技是一项以电子设备为载体的智力对抗运动，其与传统体育竞技项目的共同点在于都具有对抗性，都十分考验选手的意志力；不同点在于电子竞技更强调选手的思维能力、反应能力等智力层面的因素，以及载体的不同。以电子设备为载体是电子竞技区别于其他体育竞技项目的重要因素，决定了电子竞技具有虚拟化特征，而这个特征又可以分为虚拟化和虚构化两种类型。

（一）虚拟化的电子竞技

虚拟化的电子竞技是指具体的电子竞技项目产生之前，该项目内容就已经在现实生活中，以一定形式或多或少地存在，此类型的电子竞技无非是借助数字信息技术、网络技术等开展了项目的虚拟化。比如《实况足球》《NBA LIVE》《桌球大师》等游戏项目。

现实运动与信息技术结合的 NBA LIVE 游戏项目画面

电子竞技的竞技能力主要体现在技能和智能两方面，基于这两者的要求配比，虚拟化的电子竞技项目可以进一步分为技能类项目、智能类项目和技能智能结合类项目。技能类项目主要强调玩家或运动员的快速反应能力、娴熟的鼠标键盘操控能力以及高超的手脑配合能力；智能类项目主要强调玩家或运动员具备复杂的战略战术思维、灵活的应变能力以及对宏观全局的把控能为；技能智能结合类项目则对上述能力都有较高的要求。

从以上分类可以看出，电子竞技虽然几乎没有传统竞技体育项目的纯体能类项目，但电子竞技的魅力就在于其将技能与智能类项目通过新兴的信息化途径进行充分展示，从而让体育运动和游戏娱乐进入了一个崭新的阶段。

（二）虚构化的电子竞技

虚构化的电子竞技是指具体的电子竞技项目产生之前，该项目内容在现实生活中并没有直接对应或参照物，因而是现实中不可能真实存在的竞技项目，此类型的电子竞技完全是依托于当代各种先进的信息制作技术虚构出来的，例如《CS》《魔兽争霸Ⅲ》《星际争霸》《DOTA2》《英雄联盟》等游戏项目。

和虚拟化的电子竞技相同，虚构化的电子竞技的竞技能力也主要体现在技能和智能两个方面，基于这两者的要求配比，虚构化的电子竞技项目可以进一步分为技能类项目、技能智能结合类项目。

二、对战类与休闲类

电子竞技游戏可以分为两大类：对战类和休闲类。狭义的电子竞技游戏指的是依托电子信息技术而诞生的游戏，这类游戏一旦离开电子设备就无法独立存在，典型的有《CS》《魔兽争霸Ⅲ》等，这类游戏通常属于对战类电子竞技游戏；广义的电子竞技游戏还包括电子化的传统体育项目或民间娱乐项目，如网络围棋、网络桥牌等，这类游戏通常属于休闲类电子竞技游戏。

（一）对战类电子竞技游戏

对战类电子竞技游戏也被称为"经典电子竞技游戏"，根据游戏自身特点的不同，又可以进一步分为以下几类：第一人称射击类（FPS）游戏、格斗类（FTG）游戏、即时战略类（RTS）游戏、多人在线战术竞技（MOBA）游戏和体育类游戏。

1. 第一人称射击类游戏

第一人称射击类（First Personal Shooter，以下简称FPS）游戏指的是以第一人称视角来进行的射击游戏，即以玩家的主观视角进行游戏。与第三人称射击类游戏不同，FPS游戏的参与者不是宏观地控制虚拟角色进行游戏，而是以一种身临其境的方式来感受游戏带来的丰富体验，因为具有很强的主动性和真实感，且游戏节奏简单快捷，能够带给参与者强烈的紧张感和刺激感，所以深受欢迎。

早期的FPS游戏一般都是通过屏幕光线的刺激带给玩家不同于其他游戏的视觉冲击，后来渐渐加入了更加丰富的剧情，画面也更加精美，添加了生动的音效，可玩性不断地得到提高。根据地图的不同，第一人称射击类游戏可以分为封闭型和沙盒型。

（1）封闭型　封闭型游戏的地图四周通常设有高大的围墙，玩家只能在围墙中进行游戏，而且游戏地图规模较小，结构较为简单，往往由几条固定的大道构成，地图中的事物及其排列也很简单。此类游戏的代表作品有《CS》《使命召唤》《守望先锋》等。

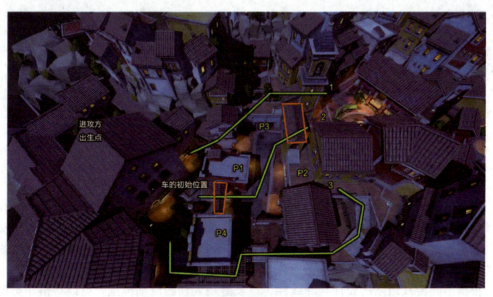

《守望先锋》地图（封闭型）

（2）沙盒型　沙盒型游戏的地图规模较大，玩家可以更加自由地在地图中进行游戏。这类游戏的地图通常没有固定的路线，地图中的事物及其排列多样且复杂，而且一般带有剧情线索，玩家完成指定任务后就可以进入下一个关卡。此类游戏的代表作品有《战地》《行星边际》《绝地求生》等。

《绝地求生》地图（沙盒型）

2. 格斗类游戏

格斗类游戏（Fight Game，以下简称FTG）是动作游戏的一种，基本形态是游戏参与者操纵游戏角色，运用多种技巧来击败对手，是以现实世界中的武术与搏击为源头开发出来的游戏，标志性元素包括"二段跳跃""大跳""大招和必杀技"。精巧的人物和招式设定是格斗类游戏的重要特征，操作和未操作则是格斗类游戏的重要组成部分。

根据不同游戏地图的线性与非线性，以及游戏人物的活动范围，可以将格斗类游戏分为 2D、2.5D、3D 等类别。2D 指的是游戏人物只能做前后运动（以玩家视角来看是左右运动）；2.5D 指的是游戏人物的活动范围属于 2D，游戏地图属于 3D，或者虽然游戏地图是 2D 的，但是游戏人物可以稍微做横向移动（以玩家视角来看是前后运动）；3D 指的是游戏地图是 3D 的，游戏人物可以上下、左右、前后自由移动。此类游戏的代表作品有《功夫》《街头霸王》《侍魂》《拳皇》《地下城与勇士》等。

《侍魂》游戏画面

3. 即时战略类游戏

即时战略类（Real-Time Strategy Game，以下简称 RTS）游戏指的是即时进行的游戏，而不是传统的回合制策略游戏，既有微观的鼠标操作，又有宏观的"调兵遣将"，最后基于一个明确的逻辑做出胜负的判定，是一种对计算机互动技术运用得较为充分的游戏。这类游戏常常会涉及黄金、木材、矿产等现实世界中的重要资源，在进行宏观的战略部署时还要考虑到山地平原、昼夜、风雨雷电等地形和气候因素。此类游戏的代表作品有《命令与征服：红色警戒》《星际争霸》《魔兽争霸Ⅲ》《星球大战：帝国战争》《冲突世界》等。

4. 多人在线战术游戏

多人在线战术（Multiplayer Online Battle Arena，以下简称 MOBA）游戏通常会将玩家分成两队，分散在游戏地图中互相竞争，玩家通过 RTS 风格的界面控制所选择的角色，需要在战斗中购买装备，玩家操纵的角色在这一局中的能力不会对下一局产生影响，具有一定的公平性。此外，上手难度低、重视配合也是这类游戏的特点。

该类型电子竞技游戏是最近 10 年才兴起的，虽然发展时间短，但是凭借着自身独特的魅力和超强的竞技性，几乎占领了大部分电子竞技游戏市场。代表作品有PC端电子竞技游戏《DOTA》《DOTA2》《英雄联盟》和移动端电子竞技游戏《王者荣耀》等。

《王者荣耀》游戏画面

5. 体育类游戏

体育类游戏（Sports Game）是指通过电子竞技方式参与具体体育运动项目的各类游戏。这类游戏的内容大部分都以认识度较高的体育赛事为游戏蓝本，一般具有高度仿真性，游戏中的环节安排、术语运用、规则设置等都与现实世界中的专业体育运动相同或相似。此类游戏的代表作品有《FIFA》系列、《NBA 2K》系列、《极品飞车》系列等。

（二）休闲类电子竞技游戏

休闲类电子竞技游戏主要是传统体育项目和民间娱乐项目的电子化、数字化和游戏化，更多地体现在智力对抗方面。这类游戏的代表包括《炉石传说》《三国杀》，以及网络上的中国象棋、围棋、QQ斗地主、四人麻将等。

总体来说，对战类电子竞技游戏的节奏较快、竞演效果强，是目前各大电子竞技比赛的主流项目，基本上代表了电子竞技产业化发展的方向；休闲类电子竞技的竞技性稍逊一筹，但是其与传统文化、民间文化有着紧密的联系，群众基础较为广泛，进入门槛低、容易上手，所以也成为电子竞技产业发展中不可或缺的重要组成部分。

第四节　正确认识电子竞技

电子竞技经过多年的发展，现如今对于普通大众来说，早已不是一个陌生的词汇。得到国家认可的电子竞技犹如雨后春笋般在我国掀起一股新的风潮。近些年，电子竞技逐渐成为我国拉动经济增长的重要力量，越来越多的人被它的魅力深深吸引，投身到电子竞技行业。

凡事皆有利弊，电子竞技在带来诸多正面效应的同时，也具备着负面影响。电子竞技作为电子游戏演化而来的进阶版，在大多数老一辈人的心中，仍然是一颗"毒药"或者"炸弹"。在电子竞技的大社会背景下，职业选手在各大竞技赛场上发扬电子竞技精神、为国争光，电子竞技从业者为行业的发展贡献着自己的力量；但是，如何引导社会主流人群正确地认识电子竞技，这项工作仍任重而道远。

一、电子竞技与网络游戏的联系与区别

电子竞技与网络游戏的本源都是电子游戏，并且都是依托信息技术的发展逐渐壮大起来的。从这一点来说，电子竞技和网络游戏是电子游戏这个大概念之下的两条特点各异的发展道路。但是，电子竞技和网络游戏之间更多的是区别，具体见下表。

电子竞技	网络游戏
体育运动项目	娱乐游戏
有明确统一的比赛规则，有严格的时间和回合限制	缺乏明确统一的比赛规则，缺少严格的时间和回合限制
电子竞技比赛是运动员之间秉着公正、公平的体育精神的竞赛，通过人与人之间的智力和体力对抗，决出胜负	游戏内容主要是人机之间或人与人之间的交流互动，不一定需要人与人的对抗来评判结果

由上述可知，电子竞技和网络游戏虽然同出一源，但因为发展方向和侧重点不同，已经具有了本质上的区别。从更广的层面来分析，二者之间的区别具体如下：

（一）赛事组织方式不同

电子竞技一般以有组织的竞技游戏软件为基础开展一系列比赛活动，具有很强的竞技性，尤其是规模较大的电子竞技赛事，其涉及的人力、物力、财力以及管理等程序和事项都十分复杂，远不只包含竞技游戏本身；网络游戏一般不需要事先组织，具有很强的娱乐性和随意性，只要具备运行游戏的条件就可以进行娱乐或比赛。

（二）遵循的规则不同

电子竞技与传统体育比赛项目类似，有着较为明确的竞赛规则，而且这些规则在比赛过程中具有强制执行力，一般不以选手、时间、场地等为转移；网络游戏没有现实规则依据，游戏的方式、关卡等往往由游戏设计者事先设定和掌握，游戏玩家只是按照这种预先设定好的模式来完成游戏任务，不同游戏的玩家不存在客观的规则比较与约束。

2015年英雄联盟职业联赛（LPL）季后赛赛制

（三）参与方式不同

电子竞技一般有线上参与和线下参与两种方式，玩家或选手在平时可以通过各类网上竞技平台开展技术、战术、操作等比拼，各种大型比赛则通常采取线下参与的方式，在合适的场馆进行现场直播。此外，合适的场馆对电子竞技来说十分重要，随着电子竞技比赛现场直播的日益成熟，电子竞技还增加了表演艺术的特质，观赏成为了观众或玩家参与电子竞技比赛的重要方式。

《DOTA2》比赛场馆

网络游戏则必须在互联网服务器和客户端的协同下才能顺利完成，一旦离开互联网，玩家就不能正常登录游戏的操作界面，进而无法实施后续操作。由此可以看出，参与网络游戏的方式固定且单一，难以形成丰富的感官享受。

（四）评价结果不同

电子竞技的对抗性决定了其竞赛结果的重要性，即胜负的评判。对选手或玩家来说，胜利就是用自己高超的技术打败对方，而非一些网络游戏那样通过充钱对角色进行强化来达到获胜的目的。一场电子竞技比赛在经历了一段时间、运行了一定的程序后，产生了公平的胜负结果，竞技双方就有了进行比较的合理依据。电子竞技比赛需要有专人，通常是裁判进行公平、公开、公正的监督执法，因为电子竞技评价具有可定量、可重复以及精确比较的特征，因此结果是客观可信的。

网络游戏则不同，其在本质上不存在胜负之分，因为玩家参与网络游戏追求的是通过角色扮演和模拟带来的快感，强调从故事一开始就全身心地投入，通过时间的累积或者金钱的投入来获得一定的提升，而这种提升只针对游戏角色本身，无法产生胜或败的局面。由此而言，目前还不能且没有必要对网络游戏行为做出客观的衡量和评价。

（五）盈利方式不同

电子竞技强调公平性，因此电子竞技游戏开发公司一般不会出售影响游戏公平性的道具，其盈利方式主要是出售皮肤等装饰性道具；网络游戏不仅会出售装饰性道具，还会出售许多功能性道具，消费越多，角色就越强，而如果不充值消费，那就需要玩家花费大量的时间和精力在"打怪升级"上，所以很多情况下会导致玩家一度沉迷在网游中，甚至一发不可收拾。所以，从游戏本身来说，电子竞技并不依靠玩家沉迷游戏来获取利益，与网络游戏的盈利方式有着本质的区别。

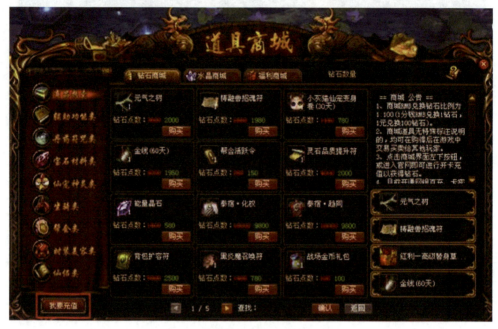

某网游充值商城截图

（六）社会影响不同

因为电子竞技和信息技术产业存在着天然而密切的联系，在进行电子竞技游戏的过程中，会逐渐形成熟练的计算机操作习惯，能够培养参与者对信息技术和计算机学习的兴趣，从而提高参与者对信息社会的适应能力。同时，电子竞技的对抗性、合作性等特征有利于参与者形成积极、正面的人格，构建良好的社会人际关系。因此。电子竞技能够得到国家层面的认可，以"体育竞技项目"的身份得到社会大众的理解和尊重。

网络游戏则不同，虽然拥有巨大的产值，但同时也会带来众多负面影响，比如导致玩家意志消沉，不务正业；混淆现实人格和虚拟人格，迷失自我；对网络社交形成依赖，现实社交能力减退等。这些问题在青少年群体表现得尤为突出。网络游戏甚至还涉及暴力、赌博、色情等问题，因此社会对网络游戏的评价多是负面的。

至此，我们对电子竞技和网络游戏的联系与区别进行了一次较为详细和完整的梳理。近几年，网络游戏呈现出了电子竞技化发展趋势，业界形成的评判体系将要据此做出调整或更新，为多元化融合提供新的契机。

二、电子竞技与竞技体育的联系和区别

竞技指的是比赛技艺，强调对抗和比赛，多用于体育比赛项目，通常具备取得输赢结果的性质，是体育的本质特征。从名称上来看，电子竞技和竞技体育都有"竞技"这个特征，此外，两者在其他方面也有联系。当然，电子竞技和竞技体育也存在着一些区别。

（一）电子竞技与竞技体育的联系

1. 二者在性质上具有相同点

电子竞技和竞技体育的核心性质都是对抗和比赛，人与人之间的竞争从现实世界中的竞技体育引入电子游戏，在激烈的对抗过程中达到挑战极限、超越自我的目的；电子竞技和竞技体育都高度重视技巧性和规律性，二者的参赛选手的技术水平与投入的时间和精力基本成正比，并且都是通过严格、正规的训练和大量的实践来进行提高的；电子竞技和竞技体育都具有公平性和统一性，即参赛者都是在公平、统一的规则之下进行比赛。

2. 二者都具备健身功能

体育竞技对参赛者的体力和耐力要求很高，参赛者在提高自身体力和耐力的同时能够达到健身的目的。与之相比，电子竞技对体力的要求较低，但是对耐力、反应能力、手眼协调能力等要求很高，进行电子竞技还能提高大脑皮质的兴奋性和神经过程的灵活性（指兴奋和抑制两种过程转化的难易程度），改善大脑皮质神经过程的均衡性，使大脑供血供氧量充足，因此具有锻炼和强化人体神经系统的健身功能。

3. 电子竞技是竞技体育表演市场的重要组成部分

竞技体育是人类社会文化现象中极富魅力的一种，除了竞技性以外，表演性也是竞技体育的显著特征。目前，竞技体育表演已经成为竞技体育走进社会生活的重要途径。电子竞技也是如此，参赛者需要尽可能地发挥出自己的全部技术和智慧，个人才能和电子竞技的魅力才能展现在公众面前，并通过公众的欣赏和评判实现电子竞技的多重价值，使电子竞技的产业效益得到延伸。

2015年，我国共产生了111亿个电子竞技游戏视频，位居全球首位；2016年，电子竞技视频的全球观看时长超过60亿小时，首次超过电视的观看时长，其中我国占比57%，全球第一。从这些庞大的数据中不难看出，电子竞技的表演市场规模相当可观，并且已经得到了比较充分的开发，同时已经形成了一套较为完善的运营模式。尤其是我国，已经形成了电子竞技视频的最大消费市场。

除了以上三点，电子竞技和竞技体育的联系还表现在二者都是游戏发展到一定历史阶段的产物，二者的目标之一都是锻炼和增加人自身的能力和素质。总之，电子竞技是信息技术和现代体育的广泛结合，是体育、科技和时代协同发展的具有积极意义的产物。

（二）电子竞技与竞技体育的区别

虽然电子竞技和竞技体育之间有着许多深层次的联系，但是电子竞技和竞技体育项目在以下几个方面仍然存在着明显的不同：

1. 载体方面

在载体方面，电子竞技是借助电子计算机及相应软件在虚拟世界里开展的竞技运动，其开展的方式和手段都高度依赖于信息技术，这是电子竞技和竞技体育的根本差异。从一定意义上来说，以信息技术为基础的各类硬件、软件是电子竞技的"器材"和"场地"，是这项运动生存和发展的载体。受益于此，电子竞技受空间和时间的限制较小。

2. 参赛者方面

在参赛者方面，竞技体育更强调参赛者的体能素质，而电子竞技对参赛者的智力要求更高。电子竞技要求参赛者拥有熟练操作鼠标和键盘的能力，具备高水平的手脑、四肢配合能力，快速的瞬间反应能力，强大的意志力和协调能力，高度的自制能力和专注能力，以及团队之间的协作能力等。

3. 功能性方面

在功能性方面，竞技体育是直接作用于人的身体，进而间接作用于人的精神世界；电子竞技则可以直接作用于人的思维方式和生活方式，能够更加有效地锻炼和提升人的智力水平，在智力层面上达到"更快、更高、更强"的目标。

三、电子竞技游戏防沉迷与保护

适当地玩电子竞技游戏，可以增强沟通能力、团队合作能力、领导能力，领悟体育竞技精神，开拓战术视野等。但是，过度地玩电子竞技游戏则是有害的。电子竞技游戏虽然相比普通游戏有着丰富多变的合作性、战术性，有强烈的对抗感和胜败感，但从本质上来说依旧是游戏，因此青少年容易因为学习压力，将猎奇心、好胜心、发泄感全部释放在电子竞技游戏中，倾吐心声、释放压力，追求合作以及胜利。电子竞技游戏容易让人产生挫败感和征服感，"不甘失败一定要获胜、征服"虽然体现了一定的体育竞技精神，但却也是沉迷电子竞技游戏的一大因素。另外，电子竞技游戏不像传统体育项目中的球类或棋类项目那样容易消耗体力和脑力，很多人（包括成年人）可花费几个小时甚至十几个小时的时间在游戏中。从学生的角度来说，做到电子竞技防沉迷与保护，需做到以下几点。

（一）辩证地看待游戏、职业发展与人生的关系

电子竞技游戏具有虚拟性，但是任何人都是生活在现实生活中的，任何人在玩过游戏后也必须回到现实生活中，游戏的胜败完全不是人生的胜败，游戏中的优越感也不可能成为现实生活中的优越感。人的一生是个人价值和社会价值的结合，每个人都有自己想做的事、想实现的梦想，而这些都是要在现实生活完成的。因此，即便是电子竞技游戏，作为普通大众来说依旧属于休闲性质，并不可能发展为职业选手，必须意识并正视自身与电子竞技职业选手之间的差距，不要盲目地选择自己的职业方向。需要树立正确的观念去思考自己的职业生涯规划，每一个具有强烈幸福感的职业，都是个人价值和社会价值的双重结合，是为国家、行业切实做出贡献和个人成长的结合，绝不是不假思索只顾玩游戏或喊喊口号"我要打职业"那样简单。

电子竞技游戏很多时候与人生是相隔十分遥远的。必须在现实生活中去发现生活之美，如唱歌跳舞、烹饪、旅游出行、结伴玩耍和聚会等，这些都是电子竞技游戏的替代品，这样的生活才是健康的生活，拥有这样的生活才能更好地规划人生。我们必须清醒

地认识到自己的人生与国家的兴亡息息相关，我们应该好好思考与职业生涯发展有关的个人特长、兴趣爱好，将自己的人生与国家发展结合，将自己的人生与中华民族崛起结合，为国家的发展切实贡献出力量，为自己的人生价值添砖加瓦。这样的人生才不负青春，这样的人生才是充实、踏实且有价值的人生。从思想上去认识电子竞技、职业生涯发展规划和人生，是电子竞技游戏防沉迷与保护最关键的一点。

（二）辩证地看待电子竞技选手与自身的身体健康

大量的事实证明，大部分普通玩家是无法成为电子竞技职业选手的。电子竞技职业选手不仅需要具备过人的天赋，还必须付出十二分以上的努力并且拥有不错的运气。很多电子竞技职业选手的训练异常严格，常常每天训练16个小时以上，并且不少职业选手还有熬夜通宵训练的习惯。因此一些电子竞技职业选手在二十岁的时候身体就亮起了红灯，俗称"电子竞技职业病"。有些职业选手由于白天黑夜颠倒训练，导致眼睛出现了不同程度的问题，甚至在中老年时出现白内障和青光眼；有些则由于长时间、高频率地重复同一动作，导致"鼠标手"，手臂和手腕肌肉拉伤、韧带拉伤；有些则长时间肩膀、腰背酸疼严重影响生活，如皇族俱乐部选手Uzi所患的疾病；有些则颈椎、脊椎出现不同程度的损伤，严重损害身体健康；有些则睡眠严重不足，极大地缩短了寿命，可能为慢性重大疾病（如与睡眠息息相关的内分泌疾病、心血管疾病甚至是癌症）的发生埋下深深的隐患。

虽然现在各大电子竞技俱乐部都比较关注选手的健康问题并制定了很多措施，但是作为普通玩家的我们，如果沉迷其中又无外力帮助，则很容易损害身体健康，甚至导致重大疾病的发生。因此适度游戏、拥抱生活是保持身体健康很重要的一个观念，也是电子竞技游戏防沉迷与保护很重要的一点。

（三）加强自我管理

以上两点是从人生、职业发展和个人健康角度进行了分析，但最终摆脱沉迷与进行自我保护，还是需要依靠自我管理来完成。在自我管理中，最重要的就是找到切实转移注意力和焦点的方法并养成习惯，将享电子竞技游戏之乐彻底转化到感生活之美、人生之美中。例如，采用"分散时间法"将时间分散到旅游出行和参加各类活动中；将时间分散到与父母多相处、与朋友多聚会的时光中；将时间分散到各类体育运动中；将一段时间集中到自己的专业中，多去公司实习，多出去锻炼自己。只要养成了良好的生活习惯和自我管理方式，就能够很好地防沉迷并进行自我保护。

> **拓展思考**

1. 简述电子竞技的特性及意义。
2. 简述我国电子竞技的发展历程。
3. 举例说明虚拟化与虚构化、对战类与休闲类电子竞技的典型作品。
4. 请思考并回答如何辩证地看待电子竞技。对于电子竞技防沉迷，你认为应该怎么做？
5. 对于现在流行的"吃鸡"游戏或者《王者荣耀》，你是如何处理它与自己生活关系的？

第二章 电子竞技产业的发展环境
CHAPTER 2

能力目标

1. 了解电子竞技在我国发展的过程中，社会、经济、市场环境经历了怎样的变化，有着怎样的趋势。

2. 了解电子竞技是如何产生经济价值带动社会进步和发展的。

素养目标

培养实事求是的工作态度和高度的责任心，调研所在地电子竞技的政治法律环境、市场经济环境和社会地位环境，撰写分析报告并提出解决措施。

第一节 政治法律环境

政治法律环境指的是影响和制约产业产生、发展、运营等的各种社会政治因素和法律法规，涵盖一个国家或地区的政治体制、社会制度，以及政府颁布的各种法令、政策、方针、路线等。不同的政治环境和社会制度对行业发展、产业运行的相关活动有着不同的要求和限制。

一、早期电子竞技政策与事件

长期以来，社会大众对电子竞技多持否定态度，我国电子竞技面临的政策环境也不乐观。2003 年到 2008 年是电子竞技政策环境发展的早期阶段。2003 年，《电子竞技世界》开播和电子竞技被纳入国家体育项目两件事让电子竞技的政策环境迎来了转机。但是在 2004 年，《电子竞技世界》因政策调整停播。此后，我国经过一系列探索，出台了相关政策，使电子竞技行业从不规范走向规范，电子竞技的政策环境也渐渐变得宽松起来。

（一）《电子竞技世界》开播

2003 年 4 月 4 日，《电子竞技世界》在 CCTV-5（中央电视台体育频道）开播。这是一档由 CCTV-5 创办的、以体育类电子竞技游戏为主要内容的电视周播栏目；以咨询、言论、人物、赛事为主要切入点，对国内外电子竞技产业发展的最新动态进行及时的报道；分析电子竞技产业发展的规律、展现产业内精英的思想见地，并组织国内、国际电子竞技赛事，倡导的是积极健康的电子娱乐方式，以促进我国电子竞技产业的发展。

《电子竞技世界》播出画面

《电子竞技世界》一经播出，就受到了电子竞技爱好者的广泛关注和欢迎，其开播不仅标志着政策层面对电子竞技的认可，也反映出电子竞技在当时已经得到了部分社会群体的支持，能够以战略性和前瞻性眼光看待电子竞技产业。《电子竞技世界》开播以后，为更多社会大众提供了一个了解电子竞技的窗口，对我国电子竞技的发展起到了一定的促进作用。

（二）批准开办 GTV 游戏竞技频道

2003 年 8 月，国家广播电视总局批准开办 GTV 游戏竞技频道；同年 11 月，该频道正式面向全国观众播出。GTV 的全称是"Game TV"，意思是"游戏电视"，总部位于北京，是一个面向所有游戏爱好者的大众媒体，聚焦我国电子竞技产业，涵盖了网络游戏、电视游戏、PC 单机游戏、电子竞技等内容，全年直播或转播国内外电子竞技赛事，主办 GTV 杯中韩电子竞技电视对抗赛等。

GTV 游戏频道——GTV 游戏竞技

当时，社会大众对电子竞技的认知和了解还存在不足和偏差，GTV 的开播有利于帮助大众认识和了解电子竞技，同时培养新的电子竞技用户，为电子竞技的发展提供良好的政策土壤和社会环境。

（三）电子竞技被纳入国家体育项目

2003 年 11 月 18 日，国家体育总局批准认定电子竞技为第 99 个正式体育项目，并从概念层面认可电子竞技为体育运动。这个事件是我国对电子竞技进行定义的正式开端，是国家层面认可电子竞技的标志。通过官方发布的电子竞技概念，许多人才了解到电子竞技原来属于体育运动的范畴，"电子竞技不等于玩游戏"的观点开始被人接纳、认可，为我国电子竞技的发展起到了十分关键的作用。

（四）举办全国电子竞技运动会

2004 年 2 月 10 日，国家体育总局以华奥星空作为企业载体举办全国电子竞技运动会（China E-sports Games，简称 CEG）；2014 年 6 月 19 日，第一届全国电子竞技运动会正式开幕，标志着电子竞技作为一项体育项目正式纳入了职业竞赛的行列。

全国电子竞技运动会促进了我国电子竞技的职业化进程，表现为专业的、非专业的俱乐部纷纷成立，职业电子竞技选手开始有了稳定的收入来源，并且产生了相应的体系，改变了职业电子竞技选手窘迫的生存环境。此后，我国电子竞技职业选手的数量大幅度增加，举办的电子竞技赛事也越来越多，我国的电子竞技真正拥有了属于自己的赛事。

（五）电子竞技节目遭到禁播

2004 年 4 月 21 日，国家广播电视总局颁布《关于禁止播出电脑网络游戏类节目的通知》，刚播出一年的《电子竞技世界》因此停播。分析电脑网络游戏类节目被禁播的原因，主要有以下四个方面：

（1）电视媒体在我国的传播力度很大，电视受众面广，电视上播放的电子竞技节目很有可能误导一些未成年人，让他们产生错误的认知。

（2）当时国内很多人都缺乏对电子竞技的正确认识，主流舆论认为电子竞技就是玩游戏，这种观念导致电子竞技在当时饱受非议。

（3）越来越多的未成年人在观看过电子竞技的有关节目后，对电子竞技的热情日益高涨，使家长们产生了"电子竞技误人子弟"的忧患，认为这类电视节目会将自己的孩子引入歧途。

（4）担忧的青少年家长聚集在广播电视总局门口集体抗议，全国范围内反对电子竞技的呼声也越来越高。

禁播令发布以后，刚刚迎来转机的电子竞技就跌入低谷，使我国电子竞技产业失去了发展"游戏+赛事+TV 媒体"模式的机会，随着主要的传播途径被切断，我国电子竞技产业与国际电子竞技产业的差距进一步加大。

（六）公布《电子竞技运动项目规章制度》

尽管电子竞技的环境在政策层面有所收紧，但是电子竞技发展的大趋势是无法改变的。随着电子竞技的发展，国家对电子竞技越来越重视。2006年，中华全国体育总会在国家体育总局召开新闻发布会，向社会公布了《电子竞技运动项目规章制度》。

《电子竞技运动项目规章制度》一共包含五项管理内容，分别是《全国电子竞技竞赛管理办法》（试行）、《全国电子竞技裁判员管理办法》（试行）、《全国电子竞技运动员注册与交流管理办法》（试行）、《全国电子竞技运动员积分制度实施办法》（试行）、《全国电子竞技竞赛规则》。《电子竞技运动项目规章制度》的公布对我国电子竞技的发展意义重大，标志着国家政策层面对电子竞技进行引导和规范，推动电子竞技的标准化和统一化，并开始形成明确的规则。

（七）电子竞技入选亚洲室内运动会

2007年10月，第二届亚洲室内运动会将电子竞技列入比赛项目，批准的项目有《FIFA07》《NBA LIVE 2007》和《极品飞车》，这是电子竞技第一次被国际性的综合体育运动会承认，说明电子竞技已经在国际范围内获得了广泛的认可。在这届运动会中，我国派出了电子竞技国家队，获得了3枚金牌。

第二届亚洲室内运动会大赛会徽

这次事件不仅在世界范围内进一步巩固了电子竞技作为一项体育运动项目的地位，也使电子竞技的正确认知在国内得到了更广泛的推广，推动了我国电子竞技的发展，促进了电子竞技的职业化。

（八）成都申办 WCG2009

2008年，我国电子竞技的发展迎来了新的转折点，即我国成都成功申办WCG2009，成都市第十一届运动会首次将电子竞技列入正式比赛项目。同年，国家体育总局对我国现有体育项目进行整合，将电子竞技重新定义为我国第78号体育运动项目。这一系列事件标志着我国电子竞技不仅在国内获得了前所未有的宽松的政策环境，而且开始走向世界，与国际接轨，是我国电子竞技发展史上的一个重要里程碑。

2009中国成都世界电子竞技总决赛

二、中期电子竞技政策与事件

2009年，WCG总决赛在成都成功举办；同年，国家信息中心被明确为电子竞技的主管部门，是我国电子竞技政策环境发展至中期的标志性事件。其中，主管部门的确定直接为我国电子竞技的发展奠定了基础，使电子竞技各项政策的出台、发布和扶持都理清了来历。

（一）WCG 相继在我国举办

继2009年以后，WCG又分别于2012年、2013年连续落户我国江苏省昆山国际会展中心，在已经出台的一系列相关政策的支持下，这两届赛事都取得了圆满成功。这意味着在该阶段，我国电子竞技已经取得了相当不错的发展成果，得到了国际社会的认可。同时，国内认可电子竞技的人数日益增多，电子竞技游戏的用户基数也大幅度增长，我国电子竞技产业与国际电子竞技产业的差距进一步缩小。

（二）电子竞技国家队参赛

2013年，国家体育总局组建了电子竞技国家队，由12名经验丰富的电子竞技选手，以及3名教练员、1名领队、1名翻译组成。在国家的批准和支持下，这支战队出征第四届亚洲室内运动会，参与《英雄联盟》《星际争霸Ⅱ》《FIFA》《极品飞车》四个项目的角逐。国家电子竞技战队的组建和参赛进一步表明了国家层面对电子竞技的认可和支

第二章　电子竞技产业的发展环境

持，给我国电子竞技的发展起到了强大的推动作用。

（三）电子竞技主题节目发布

2004 年，CCTV-5 的《电子竞技世界》停播，对我国电子竞技的发展带来了不小的冲击。2013 年，电子竞技节目重新出现在电视屏幕上，1 月 13 日，一部名为《在追逐电子竞技梦想的道路上奔跑》的纪录片在 CCTV-5 的《体育人间》栏目开播。

《在追逐电子竞技梦想的道路上奔跑》时长约 40 分钟，讲述了包括电子竞技选手、解说员、媒体人和普通爱好者在内的电子竞技群体的生活点滴，并对"电子竞技究竟是不是体育运动"这个问题进行了剖析，在一定程度上普及了电子竞技的正确认知，消除了社会大众对电子竞技的一些偏见。种种迹象表明，广播电视总局对电子竞技的态度已经从全面、彻底的禁止转向了放宽和扶植，在官方媒体的支持下，我国电子竞技迎来了新的春天。

（四）世界电子竞技大赛成立

2013 年，最后一届 WCG 落下帷幕，银川市政府敏锐地抓住了 WCG 停办后留下的空白，于 2014 年创办世界电子竞技大赛（World Cyber Arena，简称 WCA），该项赛事面向全球电子竞技选手和爱好者，拥有一套相当成熟的赛事体系，致力于促进电子竞技赛事和电子竞技产业的蓬勃发展。

WCA 2014 世界电子竞技大赛

为了宣传和推广赛事，WCA 邀请了著名的电子竞技选手李晓峰和明星柳岩等人充当赛事代言人，并在 CCTV-1（中央电视台综合频道）投放广告，于每天 18 点 55 分至 19 点这个黄金时间段播出，时长约为 15 秒。WCA 赛事广告拿下《新闻联播》前的黄金时段，不仅体现了 WCA 赛事组委会的决心和魄力，也体现了主流媒体对电子竞技的包容和支持，以及我国电子竞技政策环境的进一步放松。

WCA 比赛项目

WCA2014 举办时间与地点

此外，WCA 广告选择在 CCTV-1 而不是在 CCTV-5 播出，体现出来的是主流媒体和国家层面对电子竞技的认可。

三、当今电子竞技政策与事件

我国电子竞技的政策环境从早期的成长到中期的演进，再到现今的发展，其实并没有明确的、正式的阶段划分。但可以肯定的是，我国电子竞技在经历了政策的收紧和放宽之后，如今已经形成了较好的发展形势，尤其是近年来，国家政策、主流媒体、主流文化以及公众认知的改变，极大地推动了电子竞技的发展。

第二章 电子竞技产业的发展环境

（一）电子竞技类事件得到官方媒体报道

如今，电子竞技游戏已经在全球范围内积累了相当高的人气，并且形成了相当成熟的赛事体制，电子竞技赛事自身具有的娱乐性、挑战性以及丰厚的奖金是吸引受众的主要原因。比如在2014年，《DOTA2》的全球玩家就已经突破1000万，当年2月于上海举办的首届DOTA2亚洲邀请赛的总奖金超过300万美金。基于以上原因，电子竞技持续火热，并且受到了主流媒体和官方媒体越来越多的关注。

2015年3月，CCTV-13（中央电视台新闻频道）在《朝闻天下》中报道了电子竞技行业的相关内容，标题是"职业电子竞技或成未来热门职业"，用了约5分钟时间对电子竞技比赛进行了报道和解说，并提到"电子竞技被提名为2020年的奥运会比赛项目"；2016年8月，我国战队赢得了第六届DOTA2国际邀请赛总决赛冠军，CCTV-1、CCTV-2（中央电视台财经频道）、CCTV-13等第一时间对此进行了报道；2017年7月，CCTV-5报道了巨人电子竞技在ChinaJoy上的比赛；2018年8月，CCTV-13的《新闻周刊》节目对我国电子竞技国家队进行了大篇幅的报道，并强调"电子竞技不等于玩游戏"，为电子竞技正名。

关于电子竞技的报道频繁出现在主流媒体和官方媒体，说明作为一个体育项目来说，电子竞技得到了政策层面的大力支持，并且在这种支持下从最开始的饱受非议，慢慢发展成了被社会广泛认可、受到高度关注的行业。

（二）2016，我国的"电子竞技元年"

2016年，我国电子竞技正式迎来了新纪元，国家发展和改革委员会、国务院常务会议、国家体育总局、文化部、教育部发布了多项针对电子竞技的引导政策和扶植条令，使电子竞技完全走上正规、专业的发展道路。

1. 国家发展和改革委员会与国务院常务会议对电子竞技的扶植政策

国家发展和改革委员会于2016年4月15日发布《关于印发促进消费带动转型升级行动方案的通知》（以下简称《通知》）。《通知》中明确指出："在做好知识产权保护和对青少年引导的前提下，以企业为主体，举办全国性或国际性电子竞技游戏游艺赛事活动。"

2016年10月14日，国务院召开常务会议，指出："要出台加快发展健身休闲产业指导意见，因地制宜发展冰雪、山地、水上、汽摩、航空等户外运动和电子竞技等。"

在国家发展和改革委员会与国务院对电子竞技的扶持下，全国多个地方政府对举办电子竞技赛事的热情空前高涨，例如，在厦门、深圳、南京、贵阳等城市，电子竞技的发展势头越来越强劲。

2. 国家体育总局对电子竞技的扶植政策

国家体育总局于2016年7月13日发布了《体育产业发展"十三五"规划》（以下简称《"十三五"规划》）。《"十三五"规划》指出："以冰雪、山地户外、水上、汽摩、航空、电子竞技等运动项目为重点，引导具有消费引领性的健身休闲项目发展。"

《"十三五"规划》是引导未来五年体育产业发展的纲领文件，其目标是将体育产业的总规模发展到 3 万亿及以上。2015 年，我国电子竞技市场规模为 374.6 亿元，2016 年为 504.6 亿元，2017 年增长到将近 800 亿元，从这一系列数字不难看出，电子竞技在体育产业总规模中占有十分重要的地位，它的发展对 3 万亿的总目标会产生重要影响。

2016 年，为了促使电子竞技产业更健康、更稳健、更快速地发展，国家体育总局体育信息中心推出了一系列管理制度，涵盖了赛事、裁判员分级、运动员等内容，同时从政策层面对电子竞技的正规化、职业化做出引导。

3. 文化部对电子竞技的扶植政策

国家文化部颁布 2016 年 26 号文件，提出：

（1）鼓励游戏游艺设备生产企业积极引入体感、多维特效、虚拟现实、增强现实等技术。

（2）支持打造区域性、全国性乃至国际性游戏游艺竞技赛事，带动行业发展。

（3）全面放开游戏游艺设备的生产和销售，全面取消游艺娱乐场所总量和布局要求。

（4）各省、自治区、直辖市应当确定本地至少 3 个转型升级重点城市（区），各重点城市（区）应当分别发展 3~5 家歌舞娱乐转型升级示范场所和游戏游艺转型升级示范场所。

（5）示范场所优先享受文化产业优惠政策和政府扶持资金，优先承担政府购买公共文化服务项目，优先享受政府、协会等提供的培训机会。对示范场所开设符合条件的新场所，提供行政审批便利。

从上述内容可以看出，文化部对电子竞技的扶植力度非常大，它立足于"文化娱乐"进行考量，出台的相关政策给电子竞技玩家的日常体验方式以及赛事落地、文体结合等带来了重大的影响。

4. 教育部对电子竞技的扶植政策

教育部于 2016 年 9 月 6 日公布《普通高等学校高等职业教育（专科）专业目录》（以下简称《专业目录》），将"电子竞技运动与管理"增补进体育类专业当中，目录中提出："有资质的学校可以从 2017 年开始正式招生。"教育部的这项举措对我国电子竞技的发展具有重大意义，也表明国家已经将电子竞技人才的培养视为该行业的发展重点之一。

综上所述，国家机关陆续颁布的各项政策为我国电子竞技创造了一个优质环境。在政策的扶持下，随着电子信息技术的发展和电子竞技产业的更加完善和成熟，我国电子竞技的发展前景将更加广阔。

（三）人社部正式宣布：电子竞技员正式成为一门职业

2019 年 4 月 1 日，人力资源社会保障部、市场监管总局、统计局正式向社会发布了 13 个新职业信息，其中与电子竞技行业相关的新职业有电子竞技运营师和电子竞技员两项，引发了社会各界极大的关注。这是自 2015 年版国家职业分类大典颁布以来发布的首批新职业。

此次国家为电子竞技"正名"，可谓极大地激励了正在从事或将要从事电子竞技行业人才的信心。回顾整个 2018 年，对于我国电子竞技来说，可谓是极其重要的一年。

随着电子竞技行业的影响力逐渐扩大，从业人员逐渐增多，目前电子竞技从业人员已有 5 万余人，但最新数据显示目前电子竞技行业人才缺口规模已达到 26 万，而未来这一数字或将达到 50 万。

对于电子竞技，目前发展尚处于争议阶段，尤其是对于电子竞技入奥的争议更是从未停止，奥委会主席也曾表示当电子竞技游戏中暴力元素消除之后才会考虑使其入奥。然而，电子竞技发展的空间是无限的，此次国家为电子竞技"正名"无疑是为整个电子竞技行业注入一剂强心剂。

第二节　市场经济环境

市场经济是指通过市场配置社会资源的经济形式，又称为自由市场经济。市场经济环境指的是市场经济发展所处的各种环境，这里所说的电子竞技的市场经济环境主要指我国电子竞技产业现有的市场格局、市场份额以及电子竞技用户的分布情况，即影响市场经济环境的市场因素和人口因素。以下根据艾瑞咨询最新发布的《2019 年中国电子竞技行业研究报告》，对我国的电子竞技市场经济环境进行分析。

一、市场格局与市场份额

1. 商业化推动电子竞技生态市场规模提升

随着移动竞技游戏的增速放缓以及 PC 竞技游戏的触顶，我国电子竞技市场的未来增长主要来源于电子竞技生态市场。并且，赛事的商业化的强力推动将会进一步提升电子竞技生态扩张，为行业增长提供持久续航。

2016~2020 年我国电子竞技整体市场规模

从我国电子竞技市场的整体变化中可以看到，电子竞技游戏收入仍将在未来一段时间内是电子竞技市场的主要收入来源。尽管如此，我国电子竞技生态市场仍在持续提高占比。预计在 2020 年时我国电子竞技生态将占据 27.8% 的市场份额。

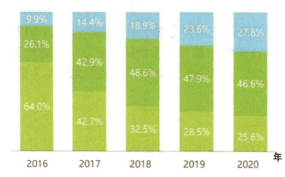

2016~2020 年我国电子竞技整体市场规模细分

2. 头部企业、市场条件成熟推动主场化

过去，由于线下电子竞技观赛的条件较差，没有强力的主场化推动者以及缺乏足够的线下电子竞技内容提供消费市场，电子竞技赛事的观看渠道主要以线上为主。近年来，直播平台的兴起满足了电子竞技赛事的线上观赛需求，但线下市场仍未被满足。随着全国电子竞技消费市场的逐渐成熟以及头部电子竞技企业的带动下，全国各地的电子竞技俱乐部主场化进程正在加速推进中。

电竞直播

3. 多方资本纷纷加入

为了保障俱乐部的竞技水平与运营收益，电子竞技赛事也在不断地进行赛制改革以吸引更多资本入场。其中，升降级制度的取消加强了电子竞技俱乐部的稳定性，让俱乐部拥有更多精力在商业化运营的同时保障了投资方的权益。随着电子竞技俱乐部的商业价值逐渐凸显，不同背景的资本注入到电子竞技俱乐部。俱乐部的不同资源也带动了他们在内容上的升级与变化，并且相关的赛事也通过各个俱乐部与各大品牌主们产生直接联系，吸引更多商业资源。

近年来新晋俱乐部一览

4. 发展趋势预测

从 2017 年至 2021 年，全球游戏市场将以 10.3% 的复合年增长率增长，到 2021 年将达到 1801 亿美元。亚太地区将持续成为增长最快的地区——该地区将在未来三年为全球游戏市场总计 422 亿美元的增长贡献 249 亿美元，即 59% 的份额。增长的最大贡献者将是该地区的新兴市场，如印度和东南亚各国。

到 2021 年，移动游戏将占据全球游戏市场 59% 的份额，并将成为一个价值千亿美元的市场。移动游戏市场的收入总额将在 2021 年达至 1064 亿美元。受益于竞技类和沉浸式手游的发展，越来越多的智能手机用户以及日渐改善的移动基础设施和硬件，智能手机游戏将以 19.3% 的复合年增长率（2017~2021 年）于 2021 年增长至 885 亿美元的市场规模；平板电脑游戏将产生其余的 178 亿美元。

相较于移动游戏市场，PC 和主机游戏的增长要缓慢得多。PC 游戏将以 1.8% 的复合年增长率增长。其增速减缓的主要原因在于页游玩家向移动游戏持续的转移——这将使得 2017 年到 2021 年间，网页游戏的收入减少一半；下载/盒装类 PC 游戏将以 4.2% 的复合年增长率增长，将在 2021 年创造 323 亿美元的市场收入。

到 2021 年，主机游戏市场将以 4.1% 的复合年增长率增长至 390 亿美元。其稳定的增长主要由于出版商完善了游戏内购选项并保持了前期的价格点；此外，彼时主机游戏将向直播和电子竞技完全开放，这将进一步推动玩家的参与度。

二、用户群体的分布情况

电子竞技用户群主要分布在移动电子竞技游戏和 PC 端电子竞技游戏中。

电子竞技概论

1. 年龄分布概况

在移动电子竞技游戏用户群中占主导地位的是以学生用户为主的年轻群体，而在 PC 端电子竞技游戏用户群中，学生的占比仅有四成。在电子竞技游戏行业中，19~45 岁的中青年群体是主力军，这一群体消费能力强，而且喜欢在网络上建立熟人社交，这个群体对移动电子竞技游戏的偏爱，将使移动电子竞技游戏市场迎来飞速地增长。

2. 地区分布概况

TGI（Target Group Index，即目标群体指数）指的是某一子群、指标的比例，与总群同一指标比例之比，再乘以标准数 100 计算出来的数值。就电子竞技产业而言，TGI=（目标用户群体某省份占比 / 游戏行业该省份占比）×100，通过这种计算方式，可以得出电子竞技游戏用户的分布情况，大体为从东向西递减。这是因为沿海地区和中东部地区的经济发展水平相对较高，所以这些地区的用户对电子竞技等互联网娱乐的需求较大，且更容易接触到多样性的游戏体验。

根据 2016 年上半年我国移动游戏行业区域分析所示，我国港澳台等地区的游戏用户的游戏时长和次数都高于内地（大陆），常常被我国移动游戏开发商视为品牌出海的"前哨站"，因此这些地区对移动游戏的依赖程度最高。用户游戏时长和次数仅次于港澳台地区的是沪湘粤地区，其对移动游戏的依赖程度位列第二。

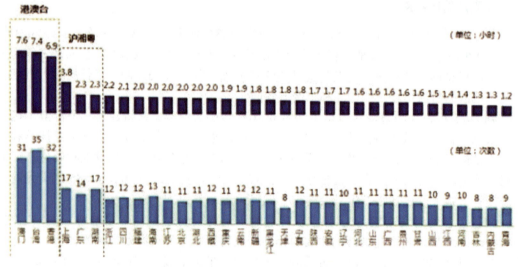

不同地区移动游戏用户平均游戏时长 & 次数

3. 付费用户分布概况

在如今的互联网时代下，越来越多的人为了在竞技娱乐、游戏中获得更好的体验，愿意为之付费。但是，不同地区和不同游戏的付费偏好是不同的。

总体来说，PC 游戏的付费用户比例低于移动游戏的付费用户比例。从地区来看，我国港台地区的电子游戏用户偏好为卡牌类游戏付费，福建、辽宁等地区的游戏用户偏好为动作类游戏付费，中西部地区和东部个别地区偏好为角色扮演类、策略类、棋牌类、休闲类等移动游戏付费。在移动游戏方面,电子竞技类移动游戏的整体付费率和用户年均付费金额都要高于休闲类移动游戏。

第三节 社会地位环境

我国电子竞技的社会地位环境主要呈现出以下特点:起步晚、起点低;用户规模庞大,却未形成完整的产业链条;社会大众对电子竞技的认知度低,并且出现认知偏差;发展形势时好时坏,整体行业发展程度不高。虽然如此,在一代代"电子竞技人"的不懈努力和国家的大力扶持下,我国电子竞技在经历了早期的陌生、中期的边缘化阶段之后,终于迎来了当前的规范化阶段,得到了主流媒体和社会大众的认可。目前,我国电子竞技的社会地位环境达到了前所未有的高度。

一、早期的陌生阶段

20世纪90年代末,随着技术的进步,电子游戏得到了很大的发展,这种新兴的娱乐方式很快在世界范围内掀起了一股热潮。作为一种娱乐工具,电子游戏能够给玩家带来成就感和满足感,释放和消除玩家的精神压力。但是,当人们过分沉迷在电子游戏中,就产生了一系列不良的甚至是恶性的后果。因此,电子游戏一度被人们称为"电子海洛因",由此衍生出来的电子竞技更是难以获得人们的好感。

"电子海洛因"抽象图

在这个阶段里,电子竞技在我国的社会文化地位环境中较为糟糕,几乎所有人都戴着有色眼镜看待电子竞技和电子竞技玩家,将他们统统归类到"玩物丧志""不务正业"的范畴。

后来,《CS》《魔兽争霸Ⅲ》《星际争霸》等游戏经过市场的筛选后成为电子竞技的主流项目。在这个背景下,世界级电子竞技赛事WCG应运而生。在国内,众多电子竞技爱好者顶着难以想象的舆论压力走上了电子竞技之路,他们以李晓峰(Sky)、马天元(MTY)、郭斌(CQ2000)、孙一峰(F91)、罗贤(Legend)等人为代表,被称为"第一代中国电子竞技人"。从此，电子竞技这个词语开始被世人所认识，有些电子竞技爱好者也开始从事这方面的工作，人们对电子竞技的社会看法开始转变。

《魔兽争霸Ⅲ》

二、中期的边缘化阶段

2003年，国家体育总局将电子竞技纳入正式的体育项目；2005年，李晓峰（Sky）在WCG总决赛上赢得了我国在WCG赛事中的第一个冠军，国内主流舆论对电子竞技的看法开始放宽。以此为契机，电子竞技在国内的知名度和影响力迅速提升，成为年轻群体中最受欢迎的娱乐方式之一，电子竞技开始形成自己的文化圈，并催生了一批电子竞技俱乐部，其中就包括于2005年4月21日成立的WE。与此同时，一些人对电子竞技的看法也有所改观，不再视电子竞技为"洪水猛兽"。

从总体来看，这一阶段的电子竞技用户群体和支持者基本只集中于年轻群体，电子竞技这个概念在它自己专有的电子竞技圈内慢慢发酵、成长，但依然没有得到主流舆论的认可，加之政府扶持力度不足、技术和资金不到位等问题，在整个社会环境中依然处于边缘地位，发展速度相对缓慢，难以形成完整的、成熟的产业链。

三、当前的规范化阶段

随着《英雄联盟》和《DOTA2》这两款游戏的诞生，以及它们旗下的官方赛事的举办，这两款游戏的玩家在我国呈"井喷式"地增长；与此同时，我国电子竞技职业选手屡屡在国际大赛上荣获大奖，我国的电子竞技得到了快速的发展。在极为庞大的电子竞技用户基数背景下，社会各界开始重视电子竞技，各资方也开始将目光转移到电子竞技这块大蛋糕上，纷纷入局，并且电子竞技也在这样的大环境下逐渐地向规范化的方向发展。

第二章　电子竞技产业的发展环境

2012年，国内首个电子竞技职业联赛 CFPL（Cross Fire Professional League，穿越火线职业联盟电视联赛）开办，我国电子竞技职业化程度开始提速，在职业化大潮下，我国电子竞技开始从粗放型发展模式向专业化、体系化、商业化的发展模式转变。

2013年，国际赛事 CFS（CROSSFIRE STARS，即穿越火线之星）首次举办，并逐渐发展成为世界知名的电子竞技赛事。从2013年到2016年，我国电子竞技选手在 CFS 赛事中连续5年夺冠。五连冠的背后表明电子竞技在我国的社会文化环境中地位得到提高。在主流媒体的大力宣传下，比如央视新闻官方微博对电子竞技和网络游戏的区别解读、中央电视台各频道对电子竞技的相关报道等，社会大众开始广泛认可电子竞技是一项体育运动，为电子竞技营造了空前宽松的社会文化地位环境，极大地推动了中国电子竞技的发展。

电子竞技在国内社会文化环境中地位的提高还体现在另一个方面，就是电子竞技明星。在边缘化阶段，李晓峰（Sky）因为获得 WCG 总决赛冠军在电子竞技领域名声大噪，但在当时并不为社会大众所知。进入职业化阶段，电子竞技赛事冠军收获的不仅是奖金和荣誉，还有名气，许多圈外人士因为追捧某个电子竞技明星而成为电子竞技爱好者。这种"明星效应"给了电子竞技选手新的职业出路，一些选手退役后成为电子竞技解说，拥有大批粉丝，收入很高，比如曾获得 IEM、TGC、TGA 等多个电子竞技赛事冠军的前 DOTA 职业选手、现知名游戏主播 Misaya 若风。同时"明星效应"也为提高电子竞技的社会地位环境创造了良好的条件。

拓展思考

1. 按照时间顺序列举我国电子竞技相关政策与事件，并分析各项政策或事件对我国电子竞技发展的影响。
2. 简要概括我国电子竞技用户群体的分布情况。
3. 通过上网查找资料，提出提高电子竞技社会地位环境的措施。
4. 针对目前我国电子竞技行业职业的巨大缺口，综合考虑自身优缺点，你认为你适合从事什么职业，说明理由，并分析你所要从事的这份职业市场前景如何。

第三章 电子竞技赛事概述

CHAPTER 3

能力目标

1. 了解电子竞技赛事的发展历史和典型电子竞技赛事。
2. 掌握当前电子竞技赛事的运营模式。
3. 结合实际,分析电子竞技赛事中出现的问题,提出解决方案。

素养目标

1. 树立精益求精的工匠精神,思考如何办好一场电子竞技比赛。
2. 树立正确的价值观,培养高尚的道德品质,分组思考如何建立一个公平、公正,对俱乐部赛事、转会、合同等有切实规范作用的电子竞技联盟。

第一节 电子竞技赛事的起源与发展

一、萌芽期的电子竞技赛事(20世纪70年代~20世纪90年代)

1972年,约有24名玩家参加了美国斯坦福大学人工智能实验室举办的太空战争奥林匹克大赛。这场比赛成为电子竞技的起源,也是人类历史上的第一场电子竞技比赛。

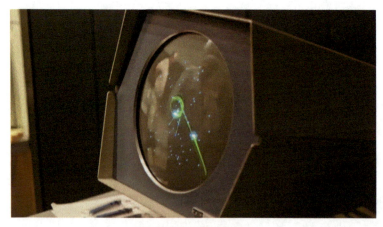

《太空战争》游戏画面

第三章 电子竞技赛事概述

1980年,游戏厂商雅达利举办了一场大型游戏竞技比赛——《太空侵略者》锦标赛,使用的游戏是日本游戏公司推出的街机射击类游戏《太空侵略者》。这次比赛的影响远大于太空战争奥林匹克大赛,超过1万名玩家参赛,竞技性游戏更是因此成了主流游戏类型。

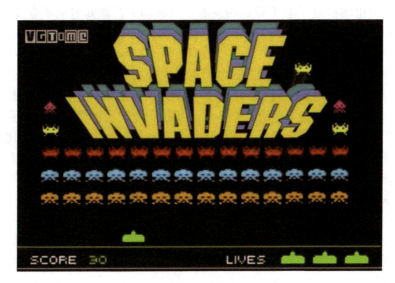

《太空侵略者》游戏画面

1986年,美国ABC电视频道直播了两个孩子比试任天堂游戏机。此后,任天堂开发出的第一款8位游戏机上市,也就是我们所说的红白机。

1988年,电子竞技游戏以PC(个人计算机)为媒介进入我国,当时互联网普及程度相对较低,网民数量不多,电子竞技产业尚未成型且发展缓慢,所以,虽然出现了赛事主办方、媒体与俱乐部雏形,也进行了产业化尝试,但此时的电子竞技用户只能通过单机的方式进行游戏,照搬国际大赛、国际知名俱乐部的管理模式。

1990年,任天堂为了宣传红白机,在全美29个城市举办任天堂世界锦标赛,使用的游戏包括《超级马里奥兄弟》《Red Racer》和《俄罗斯方块》,获胜的玩家能得到官方的FC金版卡带。这场比赛得到了广泛的响应,取得了很好的宣传效果。

从起源到引起轰动,这一时期的电子竞技游戏以主机类游戏为主,虽然吸引了众多玩家参与,但规模不大。尽管如此,却为电子竞技赛事的日后发展和壮大提供了最初的土壤。

二、初见雏形的电子竞技赛事(20世纪90年代~21世纪初)

20世纪90年代~21世纪初是PC游戏的成熟期,也是电子游戏网络化的初期。这时候许多PC游戏都可以进行网络化对战,其中代表作MOBA游戏鼻祖《Netrek》,可实现16位玩家同时竞技。作为世界上第三个网络游戏,它却是第一个使用metaservers定位打开游戏服务器的,第一个能够保存用户信息的网络游戏,第一个互联网团队游戏,同时在1993年被美国杂志WIRED评为"第一个在线体育游戏",这款MOBA类游戏也可以视为电子竞技游戏网络化的开端。

这个时期，举办了许多大小不一的电子竞技比赛，与最早期的比赛相比更加专业，其中比较引人注目的当属任天堂举办的任天堂世界锦标赛。该世界锦标赛在美国巡回演出，总决赛设在加利福尼亚的好莱坞环球影城举行，这场比赛也曾轰动一时。

这些比赛的出现推进了电子竞技的发展，也推动了几款知名电子竞技游戏的诞生，如《雷神之锤》《CS》《星际争霸》等，这些游戏都含有丰富的竞技元素，也都成为了当时电子竞技赛事的主要比赛项目。

随着这些游戏的出现，越来越多的电子竞技比赛组织开始成立。如 1997 年由 Angel Munoz 创立的职业电子竞技联盟 CPL，它是电子竞技史上第一个具有一定规模的国际电子竞技组织，创立原因是为了报道、举办电子竞技职业比赛的消息以及比赛。CPL 的比赛在美国、亚洲和欧洲都有出现，不同地区的玩家和战队会在他们擅长的比赛中进行战斗。CPL 从创立之初，其目的就是想让电子竞技变成一项真正的比赛，提升到运动的层面上。CPL 自 1997 年举办，历经成长、繁荣、波折、复兴和没落几个阶段，2013 年后虽然辉煌不再，但不可否认的是 CPL 是电子竞技史上最有影响力的联盟之一，其对电子竞技的巨大贡献不可忽略。

在这个阶段，受制于互联网技术发展的限制，大部分赛事采用的都是线下 + 局域网形式。直至 20 世纪 90 年代末，暴雪等一些公司才逐渐关注广域网战网的搭建，但成型的线上赛事极少。

三、迅速发展的电子竞技赛事（21 世纪初 ~21 世纪 10 年代）

随着科技的发展，从 21 世纪初起，主机电子竞技游戏迅速被 PC 端电子竞技游戏所取代，线上网络比赛的举办成为可能。这一阶段，由于《星际争霸》《CS》《魔兽争霸Ⅲ》《DOTA》等经典电子竞技游戏持续火爆，各种电子竞技赛事层出不穷。从赛事分类来说，第三方综合性赛事（包含多个电子竞技项目）成为电子竞技赛事的主要举办形式，以线下赛事观看和线上直播为主。这个时期，ESWC、WCG、CPL 并称为世界三大电子竞技赛事。从赛事主导方来看，电子竞赛举办模式主要有以下几种：

1）赞助商主导的赛事：三星赞助的世界电子竞技大赛 WCG、联想赞助的国际电子竞技锦标赛 IEST、华硕赞助的世界电子竞技大师赛 WGT、英特尔赞助的英特尔极限大师杯赛 IEM 等。

2）赛事组织或赛事公司主导的赛事：职业电子竞技联盟赛事 CPL、Lan Arena 组织的电子竞技世界杯 ESWC 等。

3）政府机构主导的赛事：中华全国体育总会主导的全国电子竞技运动会 CEG，中韩相关政府部门主导的国际数字娱乐嘉年华 IEF 等。

4）媒体主导的赛事：游戏风云主导的 G 联赛、韩国最专业的游戏媒体 Ongamenet 主导的世界电子竞技大赛 WEG 等。

5）俱乐部主导的赛事：经中华全国体育总会审批通过、WE 俱乐部主导的国际电子竞技明星邀请赛 StarsWar。

6）游戏厂商主导的赛事：由暴雪主导的暴雪嘉年华 BlizzCon。

第三章　电子竞技赛事概述

四、逐渐成熟的电子竞技赛事（21世纪10年代至今）

这一阶段是我国互联网迅猛发展的阶段，我国网民数量从不到3亿激增至超过7亿，这为电子竞技游戏与赛事的快速发展提供了非常有利的条件。在这个大背景下，我国的电子竞技产业规模发展迅速，产业结构不断完善，赛事体系日趋成熟，不少第三方综合性赛事逐步消亡，第一方赛事（即游戏运营商主导的赛事）开始取代第三方综合性赛事。

在20世纪初流行的电子竞技游戏由于游戏寿命等多方原因逐渐退出电子竞技舞台，MOBA类游戏和新型沙盒型射击类竞技游戏开始流行，如《英雄联盟》《DOTA2》《绝地求生》等。一些卡牌策略类竞技游戏也开始步入玩家视野，如《炉石传说》《三国杀》。举办的比赛主要是针对单一游戏的比赛，如英雄联盟全球总决赛、DOTA2国际邀请赛、炉石传说黄金联赛等。

2016年，我国迎来了移动电子竞技的爆发。《2017年中国电竞发展报告》指出，我国电子竞技用户在全球电子竞技用户中的占比超过50%，成为全球最具潜力的电子竞技市场，将在全球电子竞技产业的发展中占据越来越重要的地位。同时，电子竞技游戏还出现了新的特点，在智能手机全面普及、移动手游遍地开花的背景下，移动电子竞技赛事开始向整个电子竞技行业渗透，市场占比迅速提升。2017年，移动电子竞技游戏的市场占比已经与PC端电子竞技游戏持平。预计在2019年，我国移动电子竞技游戏的市场规模将达到138亿元。在这个阶段，爆款式移动电子竞技赛事接连举行，并且取得了重大成功，如王者荣耀KPL联赛。

移动电子竞技游戏代表项目《王者荣耀》

五、电子竞技赛事历程汇总表

赛事名称	创立时间	举办过的赛事项目	举办地
任天堂世界锦标赛	1990年	《Splatoon》《塞尔达传说》《超级马力奥》等	美国
职业电子竞技联盟（CPL）	1997年	《CS》《DOTA》《魔兽争霸Ⅲ》等	美国
电子竞技世界杯（ESWC）	1999年	《魔兽争霸Ⅲ》《雷神之锤Ⅲ》《CS》等	法国
世界电子竞技大赛（WCG）	2000年	《魔兽争霸Ⅲ》《星际争霸》《CS》《DOTA》等	韩国
全国电子竞技运动会（CEG）	2004年	《CS》《FIFA足球》《魔兽争霸Ⅲ》《星际争霸》等	中国
世界电子竞技大赛（WEG）	2005年	《CS》《魔兽争霸Ⅲ》等	韩国
暴雪嘉年华（BlizzCon）	2005年	《星际争霸》《魔兽争霸Ⅲ》《风暴英雄》《守望先锋》《炉石传说》等	美国

（续）

赛事名称	创立时间	举办过的赛事项目	举办地
StarsWar	2005 年	《魔兽争霸Ⅲ》《星际争霸》《DOTA》等	中国
国际数字娱乐嘉年华（IEF）	2006 年	《星际争霸》《魔兽争霸Ⅲ》《CS》《DOTA》《DOTA2》等	中国 韩国
英特尔极限大师杯赛（IEM）	2006 年	《CS》《魔兽争霸Ⅲ》《星际争霸Ⅱ》《Quake Live》《英雄联盟》等	德国
电子竞技职业选手联赛（PGL）	2006 年	《魔兽争霸Ⅲ》《CS》《DOTA2》《穿越火线》《守望先锋》《王者荣耀》等	中国
国际电子竞技锦标赛（IEST）	2006 年	《魔兽争霸Ⅲ》《星际争霸》《实况足球》等	中国
世界电子竞技大师赛（WGT）	2006 年	《星际争霸》《魔兽争霸Ⅲ》《DOTA》《星际争霸Ⅱ》	—
G 联赛	2007 年	《魔兽争霸Ⅲ》《DOTA》《CS》《星际争霸》等	中国
全球星际争霸Ⅱ联赛（GSL）	2010 年	《星际争霸Ⅱ》	韩国
英雄联盟全球总决赛	2011 年	《英雄联盟》	多国
DOTA2 国际邀请赛（TI）	2011 年	《DOTA2》	多国
全国电子竞技大赛（NEST）	2013 年	《英雄联盟》《穿越火线》《炉石传说》《FIFA Online3》《风暴英雄》《DOTA2》《星际争霸Ⅱ》《梦三国 2》《王者荣耀》等	中国
世界电子竞技大赛（WCA）	2014 年	《炉石传说》《DOTA2》《苍穹变》《英雄联盟》《穿越火线》《坦克世界》《魔兽争霸Ⅲ》《三国杀》等	中国
王者荣耀职业联赛（KPL）	2016 年	《王者荣耀》	中国
绝地求生全球总决赛	2018 年	《绝地求生》	德国
王者荣耀世冠赛	2019 年	《王者荣耀》	中国

第二节 电子竞技赛事分析

一、电子竞技赛事类型分析

电子竞技赛事根据主办方的性质不同主要可以分为第一方赛事与第三方赛事。

第三章 电子竞技赛事概述

（一）第一方赛事

第一方赛事通常指游戏运营商举办的官方赛事，游戏运营商通过委托的形式把赛事前期的宣传、赛事的组织、赛事现场管理等一系列工作交给赛事运营商，如网易运营的黄金联赛、腾讯运营的《英雄联盟》各类比赛、Valve 运营的《DOTA2》各类比赛等。

（二）第三方赛事

第三方赛事一般指其他的电子竞技赛事运营组织者举办的电子竞技比赛，这类比赛的广告招商以及赛事的收益分成通常由赛事运营商自主决定。比较典型的第三方赛事有 WCG、NEST、ESWC、CPL、WEG 等。

第一方赛事和第三方赛事相比，其盈利模式更加多样。伴随着电子竞技跨入移动时代，以量子体育（VSPN）为代表的第一方赛事运营商获得了巨大的"人口"利润。自从最有影响力的第三方电子竞技赛事 WCG 衰落之后，由腾讯联合拳头公司举办的英雄联盟全球总决赛、由 Vavle 举办的《DOTA2》国际邀请赛等第一方赛事的世界影响力、奖金高度、赛事规模都达到了前所未有的高度，标志着第一方赛事的兴起。

二、电子竞技赛事市场分析

在 2010 年以前，电子竞技赛事大多依靠赞助投资、政府优惠政策等力量进行推进，与传统体育赛事的举办在各方面都存在较大差距。2010 年以后，电子竞技开始逐渐被政府和人们认可。尤其是近年来，随着移动互联网和新媒体的快速发展，电子竞技逐渐融入人们的生活中，得到了人们的青睐，电子竞技正在成为一项体育运动。

2018 年 8 月，伽马数据发布了《2018 电子竞技产业报告（赛事篇）》。报告指出，虽然电子竞技赛事仅占产业总收入的 1.2%，约 10.6 亿元，但考虑到一些赛事在社交媒体表现、视频播放情况、观众规模等方面已经开始接近体育赛事，未来还会有很高的商业价值可供挖掘，预计未来市场规模将突破百亿。

我国电子竞技赛事市场规模对比

单个赛事的影响力开始与传统体育相媲美。部分头部电竞游戏中的单个赛事影响力已经能够赶超传统体育赛事。以刚刚结束的 2018 年英雄联盟季中赛为例，该赛事在社交媒体表现、视频播放情况、观众规模三方面的表现均接近或者比肩 NBA。影响力是赛事商业价值的基础，电子竞技赛事影响力媲美传统体育赛事，有利于其未来的商业化及提升电子竞技赛事市场规模。

2018 年英雄联盟季中赛与 NBA 赛事的对比

2017 年全年热门电子竞技赛事已经超过 500 项，随着电子竞技游戏数目增加，电竞用户规模的提升，预计未来电竞赛事的数量将进一步增加。赛事是电竞的基础，赛事基数的增加不仅能直接提升电竞市场规模，更有利于从不同途径探索电竞赛事商业化，进而加速电竞赛事市场的成熟。

2017 年热门电子竞技赛事情况

三、电子竞技赛事运营模式分析

（一）欧美早期电子竞技赛事运营模式分析

从赛事的商业模式上看，欧美的早期电子竞技赛事是以吸引更多玩家到比赛现场来实地参与电子竞技活动为主要思路，将赛事重点放在活动现场，让观众亲自参与到活动中去，并在其中寻找电子竞技所存在的价值，这也与欧美国家崇尚个人、习惯亲自体验等各类文化有关系。

欧美早期的电子竞技赛事大多通过电视转播，围绕比赛现场组织开展。侧重赛制的专业性和公平性，以提高现场比赛的舒适性和观众体验感，赛事管理因国家发展程度较高也相对比较专业。

欧美早期的电子竞技赛事主要依靠电脑软硬件及相关厂商进行赞助，这些厂商通过比赛来提高自家产品在电子竞技领域内的知名度，赛事盈利模式单一。

（二）韩国早期电子竞技赛事运营模式分析

与欧美所提倡的人人参与不同的是，在韩国，能真正参与到电子竞技比赛的只有少数的精英职业选手。由于韩国的电子竞技氛围极其浓厚，爱好者数量也极为庞大，因此只有顶尖的那批选手才能通过比赛获取奖金来维持生计。政府在国内大力推崇发展电子竞技，使得广大民众纷纷将电子竞技视为国家级的体育项目，甚至与足球和围棋并列。可见在韩国，人们非常崇尚电子竞技文化上的价值，也认可电子竞技赛事所带来的国家荣誉感。

韩国电子竞技赛事的组织非常专业，媒体宣传、赞助投资、电视转播、广告收入等一系列环节，在赛事不断的积累中已经形成了盈利闭环。不仅如此，韩国电子竞技赛事还特别注重选手的包装，倾向于打造不亚于娱乐圈的电子竞技粉丝经济。

从盈利模式上看，韩国与欧美完全不同。韩国电子竞技赛事得到了国家的全力支持，盈利模式多种多样，形成了产业闭环。韩国电子竞技运营模式的成功是其他国家难以复制的，它与韩国的国家领土大小、人口数量、经济政策、文化氛围甚至是电子竞技出现的时机都密不可分。

（三）我国电子竞技赛事运营模式分析

21世纪初，由于我国电子竞技相关政策和市场尚未形成，我国电子竞技赛事运营模式与欧美相似，大多依靠赞助商支持赛事举办（赞助的有三星、华硕、联想等公司），多采用线下观赛＋线上网络直播的模式，盈利单一，如WCG、ESWC、CPL等赛事。

这个时期，国内赛事举办方正在艰苦的摸索。最开始限于对电子竞技赛事市场的认知以及我国环境一些因素，《CS》《魔兽争霸Ⅲ》等很多电子竞技赛事在网吧举行，甚至著名赛事如WCG的地区预选赛也大多在网吧举行。之后浩方游戏对战平台和VS游戏对战平台的出现，让不少电子竞技比赛开始移到线上。但令人遗憾的是，无论是线下比赛还是线上比赛，都出现了很多问题：媒体报道少，往往仅限于图片＋文字，宣传力度不够，无法形成流量聚集，与选手、赛事和俱乐部无法形成有效联动；选手没经过训练，其着装、礼仪和言语等素养不过关，上场穿背心、穿拖鞋，比赛大声喧哗，甚至对竞争对手不尊重；赛事主持人水准不够，不熟悉俱乐部，不了解电子竞技和比赛项目，串场生硬；解说基本功不扎实，普通话不过关，甚至不了解游戏，现场解说不专业；赛场设备布置简陋，经常出现延迟、掉线、软硬件冲突等问题，竞技双方甚至能听到彼此的战术安排和沟通情况；赛制设置不合理，对抗性和观赏性大打折扣；裁判的作用太模糊，无法在出现争议时发挥该有的作用。线上比赛经常出现代打行为，更有甚者故意使用外挂导致游戏掉线。这个时期虽然很艰难，但电子竞技赛事一直在朝着良好的方向发展，尤其是 WCG、ESWC、CPL 等大型赛事给其他赛事做出了良好的榜样。

随着时间推移，一些专业的解说进入电子竞技，一个个专业媒体网站迅速崛起，一个个直播平台相继出现，一大批赛事在模仿中不断成长，这时候的电子竞技赛事才稍显专业。《DOTA》在 2008 年《星际争霸》《魔兽争霸Ⅲ》《CS》共同没落之时，通过 3 年的发展将电子竞技赛事举办的热潮和专业性推向了新的高度。早些年赛事举办中出现的问题在这个时期已经很少出现。电子竞技赛事产业逐渐形成，宛如最早期的韩国电子竞技赛事发展模式。

要说将电子竞技赛事运营做到一个巅峰程度，甚至堪比传统体育赛事的，莫过于《英雄联盟》系列赛事。从 2011 年起，《英雄联盟》赛事在腾讯的运营下，迅速向第一方赛事转变。选手着装、礼仪、赛制、媒体、解说等各方面充分吸纳了韩国赛事的优点，其专业性、观赏性、传播性、延续性等各方面发生了质的变化。这一时期，《英雄联盟》相比《DOTA2》上手难度低，趣味性、可玩性高，每局时间基本控制在 20~40 分钟，体能消耗低，获得了更多的活跃量和关注。在巨大玩家群的支撑下，《英雄联盟》造就出一大批拥有巨大粉丝基础的明星职业选手（如若风、Uzi、姿态、Faker）、多位知名解说（如 Miss、王多多、米勒）、多名知名主播（如冯提莫、大司马）以及一系列不断刷新各种纪录的联赛（如全球总决赛、MSI 季中冠军赛、洲际赛和全明星赛）。仅靠一个电子竞技游戏，就打通了产业链各环节，《英雄联盟》创造了我国电子竞技赛事运营的奇迹，极大地促进了我国电子竞技赛事市场的发展。之后在《英雄联盟》基础上研发的移动电子竞技游戏《王者荣耀》，在近几年对电子竞技市场的贡献正在迅速超越《英雄联盟》，其赛事市场潜力不可限量。

根据伽马数据《2018 电子竞技产业报告（赛事篇）》，当前电子竞技赛事运营情况如下。

1. 赛事直播是优异的变现方式

目前，在电子竞技赛事的转播授权方面，两极分化比较明显。能够获得直播平台青睐、获得高额授权费用的多为知名度较高的热门游戏赛事。《英雄联盟》《守望先锋》等全球知名的头部电子竞技游戏，每年相关赛事的转播授权收益就已经达到了数千万美元的级别。但是，大部分游戏在转播权方面所获取的收益依然有限。

第三章 电子竞技赛事概述

- Twitch向暴雪支付了9000万美元，获得今后两年内的《守望先锋》职业联赛独家直播权。
- BamTech为了获得《英雄联盟》职业赛事的七年直播授权，向Riot Games支付了3亿美金。
- 触手TV以1200万元人民币拿下巨人网络2016《球球大作战》全球总决赛独家网络直播版权。

赛事直播授权情况

2. 快消品等传统企业加入赞助商行列，赛事收入有望进一步提升

赞助商的赞助是电子竞技赛事创造收入的另一种方式。在电子竞技发展的早期，电子竞技赛事的关注度较低，赞助商多为外设、显卡等与电子竞技关系密切的硬件制造企业，电子竞技座椅等电子竞技衍生品牌企业也成为电子竞技赛事的主要赞助商。伴随着电子竞技行业的发展，电子竞技联赛的不断成熟，快消品、汽车等传统行业也开始成为电子竞技赛事的赞助商。快消品和汽车品牌等传统领域的赞助商，每年在营销推广方面的投入力度大，其对于电子竞技赛事的赞助价值优于外设、硬件等领域。根据近两年的电子竞技赛事赞助商分布状况显示，以快消品、汽车、手机等为代表的传统领域赞助商占比已经高于硬件外设赞助商。赞助商的变化显示了电子竞技赛事的商业价值正在逐渐得到认可，随着电子竞技赛事发展日益成熟，这种认可将继续增强，电子竞技赛事赞助商收入有望进一步提升。

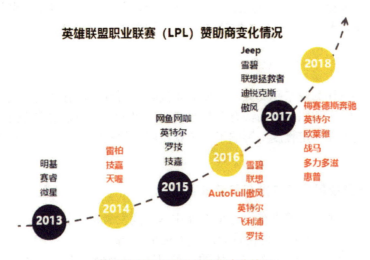

英雄联盟职业联赛赞助商变化情况

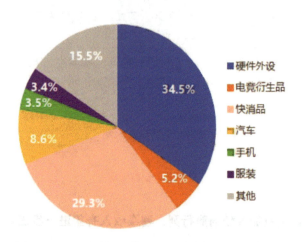

电子竞技赛事赞助商分布情况

3. 粉丝成就电子竞技

随着 2019 年 7 月 2 日,DOTA2 第九届国际邀请赛(以下简称 TI9)的奖金池总数达到 2553 万美金,TI9 的奖金再次超过 TI8,又一次刷新了电子竞技赛事历史上的奖金排行榜,相比于上一年 TI8 超过 TI7 所花的 103 天,2019 年的突破仅仅用了 54 天。

在这高额的奖金背后,是全球《DOTA2》粉丝的努力以及对这款游戏、对电子竞技选手们的支持与热爱。自从 2014 年 TI4 起,Valve 启用这种粉丝众筹的模式,将粉丝充值国际邀请赛互动指南的充值金额的 1/4 注入奖金池,成功地使得每年的 TI 奖金都能刷新世界的电子竞技赛事奖金吉尼斯纪录。这种让粉丝来成就电子竞技赛事的模式越来越多地被使用在各类比赛中,成为了推动电子竞技发展的一个强大助力。

四、电子竞技赛事用户群体分析

电子竞技游戏作为越来越受大众喜爱的竞技娱乐项目,拥有庞大的用户规模,并且在性别、年龄、学历和职业方面都有自身的特点。如今,电子竞技有着极为显著的全民化发展趋势,这也在一定程度上影响了电子竞技用户的性别、年龄层次、学历以及职业的分布。

(一)电子竞技用户的性别与年龄分布

由腾讯电竞和企鹅智酷发布的《2017 年中国电竞发展报告》可知,我国电子竞技用户的主力军是男性,男女用户的比重分别是 81% 和 19%。

调查数据显示,电子竞技用户群体的年龄以 30 岁为分界线。30 岁以上的爱好者极少，30 岁到 40 岁之间的用户仅占 10% 左右，40 岁以上的用户只有 1% 左右；30 岁以下的用户群有不同的年龄层次划分：26 岁到 30 岁之间的用户比约占 26%，21 岁到 25 岁之间的用户约占 44%，20 岁之下的用户占 20% 左右。

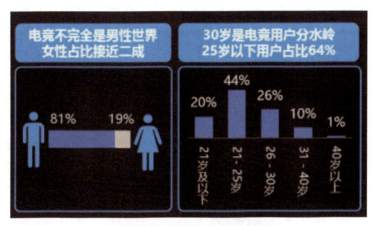

电子竞技用户性别与年龄分布

从以上数据可以看出，在电子竞技用户中，年轻群体的占比明显高于 30 岁之后的成熟群体，这主要是因为内容激烈、对抗性强的竞技娱乐更符合年轻人的心理需求，且电子竞技游戏本身所具有高强度手脑并用的操作特点，也对用户群的分部产生了影响。

（二）电子竞技用户的学历与职业分布

腾讯电竞和企鹅智酷对电子竞技行业进行的深度调查显示，电子竞技用户群体的教育水平一般集中在大学专科、高中以下。在接受调查的用户群体中，这一人群在整个电子竞技用户群中占比约为 69%，大学本科用户群占比 28%，初中及以下用户群占比 9%，硕士以上的用户群仅占 3%。

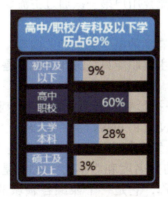

电子竞技用户学历分布

在职业方面，电子竞技用户群体涵盖了各行各业的人群，以学生和企业职员的占比最多，其中在读学生占比达到 24% 左右。

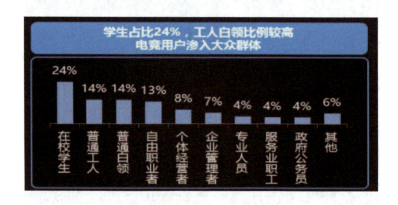

电子竞技用户职业分布

（三）电子竞技用户观赛方式分析

随着电子竞技事业的发展，人们不仅对电子竞技有了新的认知，观赛方式也随着时代的发展而有所变化。根据时代的不同，电子竞技用户的观赛方式可以分为不同的阶段。

1. 文字直播 + 录像回放

1998 年，《星际争霸》发行，不仅让电子竞技迎来了一个巨大的发展契机，更使得电子竞技赛事开始崛起。电子竞技赛事最早是通过纸质媒体传播的，那个时候纸媒正处于兴盛时期，有关电子竞技比赛的讯息便以文字战报的形式刊载到了《大众软件》《电脑报》等报纸上，让很多电子竞技用户第一次通过主流媒体关注到了电子竞技赛事的相关信息。

在这个阶段，网络上可以看到的电子竞技相关内容，仅仅是各大门户网站上的几条新闻或者一个单独的页面，其主要职能只是游戏下载或是信息发布，根本没有办法满足大多数电子竞技玩家的需求。

此后，我国陆续出现了一批影响力极大并且相对专业的电子竞技网站、论坛等互联网平台，如 RN、NGA 等。RN 是 Replays.Net 的简称，主要提供业内新闻、战术报道、竞技明星选手采访、竞技录像发布等多方位的内容，是当时国内最大的电子竞技综合网站，在国际上也具有一定的知名度和影响力；NGA 是艾泽拉斯国家地理（National Geographic of Azeroth）的简称，它是一个兼顾各领域的综合性游戏论坛，讨论专区分为综合讨论版块、热门游戏版块、暴雪游戏版块、魔兽世界相关版块等，是我国唯一一家通过暴雪专题网站计划官方认证的中文站点。其余的互联网平台还有 WARCN、百度贴吧等。

NGA 论坛

在电子竞技发展早期，这些互联网平台为电子竞技玩家们提供相关赛事的游戏录像回放、文字直播，其发布的战术心得、战报质量等内容都具有相应的专业性和前瞻性，深受电子竞技玩家的青睐。

2003 年国家体育总局将电子竞技确认为第 99 号体育项目，电子竞技及其相关的各项事业都得到了进一步发展。随后，两个游戏类内容付费网络电视频道应运而生，即游戏风云和 GTV，电子竞技玩家可以通过网络了解电子竞技赛事的相关信息、观看电子竞技赛事的视频等，增加了玩家了解电子竞技赛事的渠道。

2. 简单网络直播、视频回放 + 解说

电子竞技发展到 2005 年时，赛事更加全面，体系也更加完善，同时出现了新的电子竞技媒体。随着优酷、土豆等视频网站的兴起，电子竞技玩家有了更方便的渠道来观看更丰富的电子竞技比赛。和以往单纯的录像回放不同，这些专业视频网站上出现了一批制作电子竞技赛事录像解说的视频作者，大大提高了电子竞技赛事录像的观赏性，如 RN 以及 2007 年成立的超级玩家网站，视频时代已经到来。截至 2012 年，《魔兽争霸Ⅲ》《DOTA》等电子竞技游戏已经铸就了一批知名的解说，如张宏圣、MagicYang、小苍、稻草芭比、剑血封喉、海涛、冷冷、DC 等。

在此期间，PPlive、PPS 等一些网络频道则成为线上观看电子竞技线下赛事的主要形式。

3. 网络直播平台 + 专业场馆线下观赛

随着电子竞技的迅猛发展，各种电子竞技游戏层出不穷，如《DOTA2》《英雄联盟》

《CS》《守望先锋》《绝地求生》《王者荣耀》等极具代表性的电子游戏，使电子竞技影响力大大增加。IT技术迅猛发展，出现了斗鱼、熊猫、虎牙、战旗、龙珠等网络直播平台，不仅可以随时观看各种游戏的直播，还大大改善了电子竞技赛事的观看方式，将流量进一步充分利用起来并实现互动，观赛体验得到了前所未有的提升。一些热门电子竞技游戏比赛的观看人数连续刷新纪录。

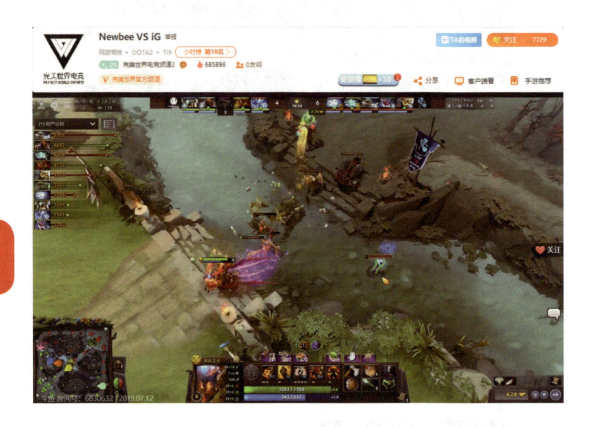

网络直播平台观赛

　　在电子竞技发展初期，因为没有专业的比赛场地，所以大多数线下比赛都是在网吧进行的。后来，随着电子竞技被越来越多的人认可，以及电子竞技用户和市场规模的迅速扩大，电子竞技赛事已经形成了较为完善的比赛系统，拥有专业的赛事执行团队和专门的电子竞技场馆，与之前相比，观赛规模和观赛体验都有较大差异。

　　如今，很多电子竞技玩家更热衷于在比赛现场观战，英雄联盟S7全球总决赛在国内几大城市策划的赛程安排和LPL开启的主客场制，正是为了满足电子竞技玩家们线下观赛的需求。但是，由于电子竞技赛事的赛程限制以及电子竞技场馆的建设滞后和数量不够等客观原因，有条件去现场观看电子竞技比赛的玩家人数和我国庞大的电子竞技用户群基数不相匹配，线下观赛的人数在电子竞技用户群体中占比很低。因此，创造更多现场观赛的条件和机会也将成为未来电子竞技行业发展的方向之一。

4. 未来期待：电视直播解禁 + 线下观赛大范围普及

我国电子竞技事业发展迅速，但是也存在着两个短板，一个是电子竞技在电视直播方面的限制，另一个是线下观赛的庞大需求和线下观赛场所的缺乏之间的矛盾。

2004年，国家广播电视总局发布了《关于禁止播出电脑网络游戏类节目的通知》，此后，电子竞技比赛类节目在国内各大电视台上销声匿迹了。必须承认的是，我国在电子竞技电视直播方面的限制，已经大大影响了电子竞技事业的传播与发展，更直接导致了我国电子竞技无法形成"电子竞技游戏+赛事+TV媒体"的发展模式。

美国著名电子竞技组织IPL（IGN PRO LEAGUE的简称）的创始人David Ting对电视直播电子竞技赛事的观点是："……能与主流媒体合作非常重要。有些观众可能从来都不在网络上看直播，但是有一天，他在NBC（National Broadcasting Company，即美国全国广播公司）上发现了我们的电子竞技比赛，从此，他很可能就会爱上这个项目了。"可以说，电子竞技比赛融入主流媒体，尤其是搬上电视屏幕是大势所趋。未来，努力争取与各大电视媒体合作是我国电子竞技事业的一个重要发展目标。

此外，我国电子竞技事业还应着力于努力为电子竞技玩家创造线下观赛的机会。值得期待的是，随着电子竞技的不断普及和商业化模式的成熟，将会催生出更多比赛，电子竞技场馆也会走出一二线城市，降低线下观赛的门槛。现在，LPL（League of Legends Pro League，即英雄联盟职业联赛）正在全国各地建设电子竞技概念小镇，并在川渝地区开辟战队主场，就是为了满足电子竞技粉丝对线下观战的需求。

电子竞技的观赛方式从文字直播和录像回放，简单网络直播、视频回放和视频解说，到网络直播平台和专业场馆线下观赛，经历了由不便到便利、由单一到多元的变迁。现在，电子竞技玩家能通过以上一种或多种结合的方式观看电子竞技赛事，相信在未来，观赛方式将更加便捷，电子竞技玩家的选择也将更加丰富。

（四）电子竞技赛事的用户参与

根据企鹅智酷、腾讯电竞联手调查的数据可知，我国电视赛事有着巨大的发展潜力，并且会随着手机网民用户的增多而扩大。根据调研的用户样本显示，在我国6.95亿的手机网民中，参与过电子竞技赛事的约占8.8%，对电子竞技赛事感兴趣的用户约占65%，即电子竞技赛事大约拥有4.5亿的用户基础。

（五）电子竞技赛事观看人数、观看赛事类型排行以及观看赛事内容侧重

我国电子竞技正处于快速发展时期，用户基数在全球电子竞技用户基数中占据相当大的比例，因此拥有庞大的观赛人数。至今为止，电子竞技的观赛人次已经超过百亿，观看的赛事类型多种多样，在内容上也有所侧重。

1. 电子竞技赛事的观看人次

在2018英雄联盟S8全球总决赛上，据Esports Charts公布的观赛数据，在10.1~11.3之间，观赛人次达到2亿，平均每场比赛的观众人次是4665万，其中最受欢迎的一场比赛当属iG对战FNC的总决赛，观赛人次为2.05亿，热度相当高。

英雄联盟 S8 全球总决赛现场

2. 观看赛事类型排行

目前，我国电子竞技游戏的类别已经十分丰富，从观赛人次上来看，最受欢迎的是 MOBA 类游戏，其次是枪战射击类游戏和动作格斗类游戏，竞速类、休闲竞技类、棋牌类、体育运动类、跑酷类、集换卡牌类和音乐类等游戏观赛人次也不少。MOBA 类、枪战射击类、动作格斗类之所以能位列前三甲，除了其本身拥有庞大的用户基数以外，还有观赛代入感强、赛事运营成熟等强大优势。

在各级别的电子竞技赛事中，关注度最高的是职业赛事，其次是国际赛事。随着 LPL、KPL 等电子竞技职业联赛的关注度呈现爆发式增长，职业化已经成为电子竞技赛事的"标准配置"。

3. 观看赛事内容侧重

随着电子竞技赛事观赛渠道的便捷化和多元化，电子竞技用户对赛事内容的品质也有了更高的要求。数据显示，电子竞技用户对电子竞技赛事的关注点主要集中在以下几个方面：赛事的竞技性和专业性，选手的表现，解说的水平。

（六）赛事信息获取渠道、商业化方式以及商业生态核心

目前，我国电子竞技用户了解电子竞技赛事信息的渠道主要是游戏垂直平台，其次是综合门户网站。电子竞技用户获取赛事信息的方式主要是主动搜索，社交渠道的信息分发价值还没有被充分发掘出来。

电子竞技赛事在我国有着巨大的商业价值。伽马数据发布了《2017 年中国游戏产业报告》，报告指出我国电子竞技游戏市场的实际销售收入达到 730.5 亿元，同比增长

44.8%。由此可见，电子竞技赛事商业化成为了电子竞技产业的重要发展方向。目前，电子竞技赛事主要以"联盟"这一新兴组织形式来构建商业利益共同体和分食体系，赛事商业价值则以版权为核心做 IP 开发。

电子竞技赛事商业生态从核心版权营销到外延 IP 开发的各个环节都具有潜力，需要向传统的体育赛事借鉴经验和做法，让电子竞技赛事的泛娱乐商业价值得到充分释放。

（七）玩家付费意愿报告以及就业意向

电子竞技作为官方承认的体育竞技项目，已经迅速发展为一个新兴的文化产业。当前，电子竞技玩家付费的意愿相当强烈，虽然付费玩家在整个电子竞技用户群中占比不高，但仍然创造了极高的商业价值，这也是众多企业投入电子竞技市场的重要原因之一，并且影响着众多玩家的就业意向。

1. 电子竞技玩家付费意愿报告

从全球来看，电子竞技的主要发展趋势是泛娱乐化、粉丝化、全民化，这使电子竞技行业具有了更大的商业价值。我国作为电子竞技大国，无论是用户规模、市场规模还是发展前景都非常值得期待。尤其是近年来，电子竞技渐渐形成了较为成熟的赛事系统，并且向着传统体育更加成熟的商业运营模式靠拢，不断加大电子竞技用户的付费意愿。

未来，电子竞技行业的增收将主要来源于玩家付费。就我国而言，电子竞技玩家呈现出付费玩家比例不高和付费意愿强烈两个特点。根据腾讯电子竞技和企鹅智酷联合发表的报告可知，玩家为电子竞技赛事门票付费的占比最高，达到 34.1%；接着依次是为了获得高清画质、去除广告、获得赛事周边奖品以及抽奖机会、获得与战友或电子竞技明星的互动特权、获得多视角观看特权、获取高速通道配置、听取赛事讲解等付费，这些付费选择大多和电子竞技赛事、电子竞技节目、个人游戏直播以及购买游戏产品相关。

2. 电子竞技玩家就业意向分析

我国拥有庞大的用户基数，已经成为名副其实的电子竞技大国，但与之不匹配的是我国电子竞技行业的专业人才极度匮乏，这也成为这一新兴产业实现发展的阻碍之一。一些具有前瞻性的高校和部分专科技术院校抓住这个机遇，开设了电子竞技相关课程，大力培养专业人才，为电子竞技事业的发展提供充足的后动力。

除此之外，随着电子竞技事业的迅猛发展，很多爱好电子竞技和看好电子竞技发展前景的玩家都有相关的从业兴趣。《2017 年中国电竞发展报告》显示，有 39% 的玩家具备长期从事赛事行业的职业规划，其中 25 岁以下的年轻人成为职业玩家的愿望最为强烈。

（八）用户对电子竞技赛事期待、观看习惯以及观赛后活动

未来，电子竞技玩家对电子竞技赛事体制升级和新技术应用的期待较高，专业化、国际化的赛事和 VR 技术应用的观赛方式最受关注。

根据企鹅智酷用户调研数据显示，在观赛习惯上，40.6% 的电子竞技用户选择和朋友一起观看比赛，熟人观赛产生的社交属性成为用户首选；79.8% 的用户选择在家里观

赛，37.2% 的用户选择在网吧观赛，沉浸感成为用户的首要选择。

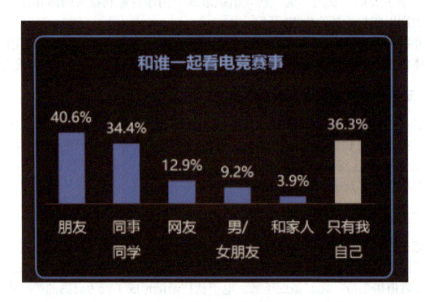

熟人观赛成为首要选择

观赛结束后，84.8% 的电子竞技用户仍会做与赛事有关的事，如分享、回味等。由此可见，电子竞技赛事的信息链在赛后的一段时间内仍在延续，赛后的资讯营销也十分值得关注。

五、电子竞技赛事相关岗位分析

随着电子竞技市场规模的不断扩大，电子竞技行业的人才缺口也达到了 30 万，而在岗人数仅 5 万，岗位缺口仍非常巨大，急需专业的电子竞技人才的填充。与职业选手相比，电子竞技行业在辅助电子竞技赛事的岗位人才方面需求量要更大。

电子竞技产业作为一个新兴产业，受到了高度的关注，自从 2016 年教育部开设电子竞技运动与管理专业以后，申请开设电子竞技专业的院校数量逐年上升，招生人数同比也在不断上涨。2019 年，人社部将电子竞技运营师、电子竞技员列为新职业，电子竞技行业的相关岗位将更受到人们关注。根据腾讯电竞与腾竞体育共同发布《电子竞技产业岗位种类的调研报告图表》中显示，目前我国电子竞技产业链相关岗位种类保守估计已超过 100 个，涉及的大学专业数量也超过 100 个。目前电子竞技行业公司可以大致划分为 6 类：赛事发行及运营公司、赛事活动公司、电子竞技俱乐部、直播平台、媒体与内容制作团队以及其他电子竞技产业衍生的相关领域。

（一）赛事发行及运营公司

主要负责赛事管理、整体运营、商业代理以及创新业务拓展。其中包括：
（1）赛事团队：负责赛事体系建设以及执行推动。

（2）产品团队：负责赛事 IP 衍生产品开发。
（3）战略发展团队：负责赛事生态战略规划。
（4）联盟发展团队：负责联盟生态建设以及扩充发展。
（5）品牌策略团队：负责赛事市场推广及品牌建设。
（6）商业化团队：负责赛事商业化开发。

（二）赛事活动公司

主要负责赛事策划、执行以及直转播信号制作。其中包括：

1. 项目管理团队

（1）项目统筹/项目经理：负责赛事活动项目统筹管理、规划以及推进执行。
（2）活动策划：负责赛事活动的流程以及创意策划。
（3）活动执行：负责赛事活动相关模块的落地执行以及推进。
（4）赛事组织：负责赛事活动流程建设及推进，确保活动顺利进行。
（5）战队管理：负责赛事活动战队相关事务安排及流程推进。
（6）主持：负责赛事活动现场主持工作。
（7）主裁判：选手比赛现场规范操作监管及事务判决。
（8）助理裁判：协助主裁判规范操作监管及事务判决，判决期间提供意见及信息确认支持。
（9）视觉包装：负责舞台及现场视觉呈现的包装工作。
（10）解说：负责赛事内容解说工作。

2. 导演及直转播团队

（1）导演：负责活动及赛事舞台效果、创意设计，把控效果。
（2）助理导演：协助项目定位、风格、表现手法、创意的制定。
（3）导播：负责活动及赛事直转播内容画面切换，以确保达到最佳效果。
（4）游戏 OB：负责游戏直播视角画面呈现，以为用户带来观赛内容。
（5）字幕包装：负责直转播字幕设计以及特殊信息表达。
（6）回放：关键直播画面及特定节目片段回放。
（7）技术：负责互动、直转播应用技术开发支持。
（8）声控：现场及直转播声音效果把控。
（9）编导：节目内容的策划、拍摄、粗剪，把控节目质量。
（10）视频节目制作：对于直转播内容、周边节目、赛事宣传片等视频工作的设计及制作。
（11）创意设计（平面、动态、视频）：负责电子竞技赛事包装设计，包括平面设计、舞美设计、直播设计、宣传片设计。

3. 商务团队

（1）赛事商务：负责赛事活动商业化开发。

（2）艺人经纪：负责签约艺人商业化开发。

4. 潜力岗位

（1）赛事 IP 开发：负责赛事 IP 内容商业化开发。

（2）海外赛事业务：负责海外业务探索。

作为电子竞技行业的人才，除了具备熟练的相关技能以外，还需要对这个行业有着敏锐的嗅觉，并对所有电子竞技项目都非常了解才行。因为竞技产业历史悠久，体系已非常成熟，而电子竞技产业作为竞技产业的一种，它带有电子竞技的独特性，没有人能够肯定一款游戏能否保持几十年的流行，《英雄联盟》《DOTA2》之类的电子竞技游戏能否成为足球、篮球那样绵延了成百上千年的经典体育项目，也无人可知。因此，从事电子竞技行业的人不仅需要掌握通识的技能，还要具备长远的眼光，才能保证自己不在时代的浪潮中被淹没。

第三节　经典电子竞技赛事

随着电子竞技运动在全球范围内的兴起，各种电子竞技赛事纷纷涌现：从全球首项电子竞技赛事任天堂世界锦标赛到老牌电子竞技赛事 WCG 的落幕，再到 WCA 的兴起，以及 GSL、TI 等国际顶级电子竞技赛事的经久不衰和我国国家级电子竞技赛事的举办……这些经典电子竞技赛事串联起来，就是一部电子竞技赛事史。

一、任天堂世界锦标赛

任天堂世界锦标赛是任天堂公司组织的全球性电子竞技赛事，是全球首个真正意义上的电子竞技比赛，比 WCG 早了 10 年。但是第一届比赛结束后就陷入沉寂，时隔 25 年后才重新回到电子竞技的舞台上。

（一）赛事简介

1990 年，第一届任天堂世界锦标赛在全美 29 个城市举办，这次比赛的本质是一场针对任天堂红白机的宣传推广活动。比赛诞生了三位冠军，分别是 11 岁及以下年龄组的 Jeff Hansen、12~17 岁年龄组的 Thor Aackerlund、18 岁及以上年龄组的 Robert Whiteman。

第一届任天堂世界锦标赛的参赛人数、关注度和影响力都是空前的，随后，任天堂公司又在 1991 年和 1992 年举办了两次校园挑战赛，并于 1994 年举办了一场以 SFC 主机（任天堂推出的第二代家用机）为主的 "PowerFest' 94" 电子竞技比赛，被民间称为 "第二届任天堂世界锦标赛"，但这几次比赛都没能延续第一届赛事的辉煌。

2015 年，任天堂宣布重启任天堂世界锦标赛，在美国公开招募选手，于美国洛杉矶的微软剧院成功举办。2017 年，任天堂公司又举办了第三届任天堂世界锦标赛，专门邀请 8 位明星玩家参赛，他们的职业各有不同，有演员、主播、速通高手等，但都是任天堂的忠实粉丝。

任天堂世界锦标赛在世界范围内开了电子竞技赛事的先河，为电子竞技赛事的发展和壮大奠定了良好的基础。

（二）赛事解析

第一届任天堂世界锦标赛共分三个组别，八个回合，使用的是比赛专用游戏卡带，比赛项目规定在 6 分 21 秒内完成，得分多者胜出。

三个组别分别是 11 岁及以下组、12~17 岁组、18 岁及以上组。其中，11 岁及以下、18 岁及以上两个组只需拿到 12.5 万分就能进入下一轮比赛，12~17 岁则需要拿到 15 万分，当时的任天堂公司负责人解释说，这是因为青少年通常玩得更好。玩家要先在所在城市参加预选赛，获得冠军后才能得到决赛入场券。

比赛专用游戏卡带包含《超级马里奥兄弟》《Rad Racer》《俄罗斯方块》三款游戏的片段，参赛者需要依次完成三个游戏环节的特定任务，并尽可能拿到更多的分数。第一个环节是《超级马里奥兄弟》，参赛者需要拿到 50 个金币才能进入下一个环节，该环节的得分在最终计分时乘以 5；第二个环节是《Rad Racer》，玩家在倒计时结束时可以直接进入下一个环节，环节时间内驾驶出的距离越远，得分越高，此环节的得分在最终计分时乘以 10；第三个环节是《俄罗斯方块》，该环节没有任何限制，玩家只需要在比赛结束前获取尽可能多的分数，该环节的得分在最终计分时乘以 25。

第二届和第三届任天堂世界锦标赛基本沿用了第一届的赛制，只是改变了组别划分方式，以 12 岁为界将参赛者分为两组进行比赛。

二、职业电子竞技联盟（CPL）

CPL 的全称是 Cyberathlete Progessional League，即世界电子竞技职业联盟，由 Angel Munoz 于 1997 年 6 月 26 日创立，目的是报道、举办电子竞技职业比赛，在美国以及亚洲、欧洲都举办过电子竞技比赛。

职业电子竞技联盟 CPL

（一）赛事简介

CPL 是最初的世界三大电子竞技赛事之一，在电子竞技领域拥有强大的影响力，大多数电子竞技玩家参加的网络比赛都是由他们组织的。在鼎盛时期，CPL 一度吸引了 5 万多粉丝观看《CS》比赛。

2008 年，CPL 正式宣布停止运营，取消了所有赛事。2009 年，CPL 被一家投资集团收购，改名为"CPL 有限公司"。2011 年，CPL 联合 VS 对战平台举办 CPL2011 选拔赛，比赛项目包括热门游戏《DOTA》和《魔兽争霸Ⅲ》，我国赛区的参赛选手超过 6000 人，涵盖了国内全部《DOTA》职业战队和《魔兽争霸Ⅲ》职业选手，阵容空前强大。之后，CPL 便逐渐淡出了人们的视野。

（二）赛事解析

CPL 每年主办的 CPL 夏季锦标赛和冬季锦标赛一直被认为是全球最专业、最规范的电子竞技联赛。CPL 的相关规则也一向被业内视为标准，现在使用的电子竞技赛制规则基本都是由 CPL 规则演变而来的。CPL 在欧洲设有分部，每年春季和秋季都会举办 CPL 欧洲锦标赛。

CPL 比赛在美国以及亚洲、欧洲都有举办，任何年龄超过 17 岁的人都可以报名参赛，不同地区的玩家和战队会在他们擅长的比赛中进行战斗。为了让电子竞技比赛提升到运动层面，成为一项真正意义上的比赛，2005 年初，CPL 确定将该年的比赛奖金总额提升到 200 万美元以上，这一举措对电子竞技比赛的发展产生了积极的影响。

三、电子竞技世界杯（ESWC）

ESWC 的全称是 Electronic Sport World Cup，即电子竞技世界杯，其前身是欧洲的传统电子竞技赛事"Lan Arena"，与 CPL、WCG 一起并称世界三大电子竞技赛事。

电子竞技世界杯 ESWC

（一）赛事简介

ESWC 是由 Ligarena 公司于 1999 年开始举办的电子竞技比赛 Lan Arena 发展而来的，初衷是辅助游戏厂商进行品牌推广，后来逐渐成为世界级大型电子竞技赛事，成为世界各地的电子竞技玩家交流经验、切磋技术的知名平台。

1999~2010 年，ESWC 已经成功举办了多次电子竞技比赛，在世界范围内获得了电子竞技玩家的广泛认可和赞誉。每年夏季，来自 70 多个国家的数十万电子竞技爱好者都会齐聚法国，在那里参加为期一周的电子竞技狂欢。

（二）赛事解析

ESWC 是地域跨度非常大的国际性电子竞技赛事，它由包括我国在内的 11 个国家的管理者共同管理，合作伙伴超过 60 个。

2003 年，ESWC 进入我国，在我国的 13 个城市进行预选赛，选拔出 3 个项目共 7 名选手，与中央电视台体育频道《电子竞技世界》等媒体组成 13 人的 ESWC 赴法代表团。2003 年 7 月 7 日，这支代表团登陆法国参加 2003 年 ESWC 全球总决赛，这是 ESWC 总决赛的舞台上第一次出现我国电子竞技玩家的身影。2007 年，来自波兰的电子竞技俱乐部 PGS（Pentagram G-Shock）和来自瑞典的电子竞技组织 NiP（Ninjas in Pyjamas）在 ESWC CS 总决赛上相遇，上演了 ESWC 史上经典的总决赛之一。不过，ESWC 一度停办。虽然后来重启，影响力却大不如从前，如今只能在非洲、欧洲少数城市和地区看到 ESWC 的身影。

四、世界电子竞技大赛（WCG）

WCG 的全称是 World Cyber Games，即世界电子竞技大赛，创立于 2000 年，2001 年开始举办正式赛事。该项赛事由 ICM（Internation Cyber Marketing，即韩国国际电子营销公司）主办，主要由三星集团提供赞助。

世界电子竞技大赛 WCG

（一）赛事简介

WCG 的口号是"beyond the game"，以推动世界电子竞技运动的发展为目标，以促进人们在信息时代的沟通、互动和交流为宗旨，为全球电子竞技运动选手进行国际交流搭建一个良好的平台，成为世界电子竞技比赛奥运会模式的开创者。

2014年2月,当时担任WCG首席执行官的李秀垠向外界宣布,WCG组委会将不再举办包括WCG总决赛在内的任何赛事。至此,共举办了十三届的WCG比赛落下帷幕。WCG比赛虽然已经停办,但它对电子竞技运动起到的推动作用是不可磨灭的。

自2013年停办之后,时隔六年,WCG2019以全新面貌再次回归。

(二)赛事解析

作为全球性的电子竞技赛事,WCG有"电子竞技奥运会"之称。2001年第一届WCG开赛时,主办方就将此次比赛定位为全球性的电子竞技奥运盛会。WCG的赛事奖金一度超过两百万人民币,比赛项目众多,如《星际争霸Ⅱ》《魔兽争霸Ⅲ》《CS》《魔兽世界竞技场》《穿越火线》《英雄联盟》《DOTA》《帝国时代》《雷神之锤Ⅲ》等。参赛选手来自五湖四海,其中不乏电子竞技领域的明星,包括我国的李晓峰(Sky)、韩国的张载豪(Moon)等。

WCG的前三届比赛都在韩国首尔举办,此后踏足美国、新加坡、意大利、德国等国家,并在我国举办了三届,分别是2009年的中国成都总决赛和2012年、2013年的中国昆山总决赛。其中,2013年的比赛现场观众多达15万人次。这三场世界级电子竞技赛事有力地推动了电子竞技运动在我国的普及和推广,促进了我国电子竞技运动的健康发展。之后由于赞助商三星集团撤资和一些环境因素,WCG停办。2019年,WCG恢复,在我国西安举行,来自80个国家的玩家将展开友好竞争。

五、全国电子竞技运动会(CEG)

CEG的全称是China E-sports Games,即全国电子竞技运动会,是由国家体育总局领导,由中华全国体育总会主办的国家级电子竞技联赛,首届比赛举办于2004年。

全国电子竞技运动会CEG

(一)赛事简介

CEG比赛的举办宗旨是规范和普及体育电子竞技运动,提高我国电子竞技运动的水平,向国际市场推广我国的电子竞技运动,使我国成为全球性电子竞技市场。

第一届CEG比赛分为八个赛区,包括北京、上海、成都、广州、沈阳、长沙、武汉、西安。比赛项目分为对战类和休闲类两大类,其中对战类项目包括《CS》《FIFA足球》《魔兽争霸Ⅲ》《星际争霸Ⅲ》等,休闲类项目包括围棋、中国象棋、桥牌、四国军棋等。CEG比赛设置了三种比赛模式,分别是对战类联赛、业余比赛和电视擂台赛,对战类联赛由资格选拔赛和联赛两部分组成。

2010年后由于诸多原因，CEG已不再举办，逐渐淡出了人们的视野。

（二）赛事解析

CEG的举办标志着我国电子竞技运动步入正轨，在国际电子竞技赛场上竖起了中国的旗帜。至此，我国正式拥有了属于自己的国家级电子竞技联赛品牌和国家电子竞技队伍。CEG既是我国唯一经国家体育管理部门批准立项的电子竞技竞赛项目，也是我国最权威的国家级电子竞技赛事，其重要作用体现在多个方面：

（1）在我国普及和推广电子竞技运动，消除大众对电子竞技运动的偏见，进一步改善电子竞技运动在我国的生态环境，促进我国电子竞技运动的良性发展。

（2）帮助提高我国电子竞技产业在国际上的声誉，促进我国电子竞技产业的发展，推动我国电子竞技产业进军国际市场。

（3）为国内知名商业品牌提供良好的展示和传播平台，帮助其提高国内外的关注度，提高品牌传播效率。

六、世界电子竞技大赛（WEG）

WEG的全称是World E-sports Games，即世界电子竞技大赛是由韩国专业游戏电视媒体Ongamenet主办并独家转播的国际电子竞技赛事，全球最正规的职业化电子竞技赛事之一，在国际上享有很高的声誉，被称为继WCG、ESWC、CPL之后的第四大电子竞技赛事。

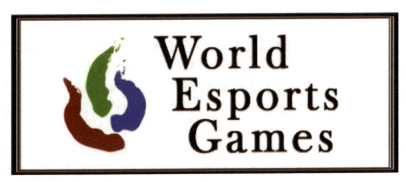

世界电子竞技大赛WEG

（一）赛事简介

首届WEG举办于2005年，比赛项目包括《CS》和《魔兽争霸Ⅲ》。

2006年，WEG比赛在我国杭州举办，来自法国的电子竞技玩家4K^ToD拔得头筹，我国电子竞技玩家李晓峰也获得了第三名的好成绩。

2007年，WEG更换形式，并更名为"E-Stars"回到电子竞技舞台，我国wNv.Gaming战队两次夺得《CS》世界冠军，成为我国电子竞技的骄傲。

2008年，WEG更名为WEM，持续办到2009年，之后逐渐淡出了人们的视野。

（二）赛事解析

WEG 是世界上最早全程转播比赛的国际性电子竞技赛事，为了吸引全球电子竞技爱好者的目光，WEG 每个赛季都会邀请代表世界最高水平的选手参赛，十分成功地发掘了电子竞技产业的商业价值，并推动了电子竞技运动的发展。

七、英特尔极限大师杯赛（IEM）

IEM 的全称是 Intel Extreme Masters，即英特尔极限大师杯赛，是首个世界级电子竞技精英锦标赛。该项比赛是欧洲著名电子竞技组织 ESL（Electronic Sports League，即电子竞技联盟）旗下的品牌赛事，由全球最大的半导体芯片制造商 Intel 独家冠名赞助。

英特尔极限大师杯赛 IEM

（一）赛事简介

2006 年，Intel 德国公司与 ESL 合作创办了 IEM 极限大师赛，以欧洲为基地举办全球性电子竞技比赛，参赛玩家在 Intel 高性能处理器系统的强力支持下进行比赛。从这一年开始，IEM 极限大师赛就成了世界著名的电子竞技赛事。该项赛事于每年下半年在全球范围内筛选少数都市举行分站赛，然后于次年春天在德国举行欧洲总决赛和世界总决赛。

IEM 极限大师赛的比赛项目包括《CS》《魔兽争霸》《星际争霸Ⅱ》《雷神之锤》《英雄联盟》等。2017 年 5 月 24 日，《英雄联盟》官方发布公告，称将不再参与 IEM 极限大师赛。

（二）赛事解析

IEM 极限大师赛自 2006 年举办以来，赛事的规模和参赛国都在持续上升。2007 年，IEM 极限大师赛登陆美国和瑞典。2008 年，来自欧洲、美洲和亚洲的 6 个国家和地区的电子竞技玩家持续进行了 11 个月的对决，在美国、加拿大以及欧洲和亚洲地区掀起了一场电子竞技热潮。这一年，是 IEM 极限大师赛首个真正全球化的赛事年。

值得一提的是，2008 年的第三届 IEM 极限大师赛亚洲区决赛由中国和韩国共同举办。其中，中国站比赛于 2008 年底在成都开赛，这是该项比赛第一次亮相在我国，为众多我国电子竞技玩家和游戏爱好者奉上了一场国际水准的电子竞技盛宴。

八、全球星际争霸Ⅱ联赛（GSL）

GSL 的全称是 Global StarCraft Ⅱ League，即全球星际争霸Ⅱ联赛，由韩国 GomTV 电视台于 2010 年 9 月开始举办，并通过 GomTV 进行全球转播，是世界上第一个进行直播的常规性联赛，直至今日，GSL 依旧人气不减。

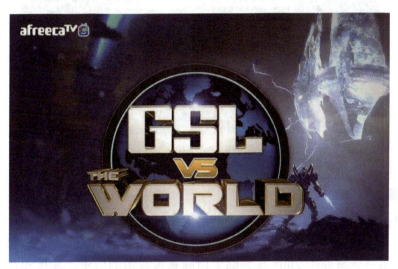

全球星际争霸Ⅱ联赛 GSL

（一）赛事简介

韩国 GomTV 电视台是暴雪娱乐全球合作伙伴之一，2010 年 8 月，该电视台正式宣布将在同年 9 月举办星际争霸Ⅱ联赛，就此拉开了 GSL 的序幕。GSL 每月定期举办淘汰赛，选拔出来的优秀选手将获得参加世界冠军赛的资格，年末会举行活动赛，全球电子竞技玩家和游戏爱好者都能通过互联网第一时间观看到比赛。

（二）赛事解析

2010 年 GSL 的奖金额度高达 6 亿韩元（约合 348 万元人民币），每月淘汰赛的冠军奖金为 1 亿韩元，亚军奖金为 3000 万韩元，四强奖金为 1000 万韩元，是当时电子竞技领域奖金最高的比赛。比赛采取"预选赛—64 强—总决赛"的赛制，使用《星际争霸Ⅱ》的极热沙漠、沙漠绿洲、废料场、战争草原、萨尔娜迦洞穴、库拉斯峡谷、失落的神庙、金属城市、第四象限 9 个正式地图。

九、暴雪嘉年华（BlizzCon）

暴雪娱乐是世界知名的视频游戏制作和发行公司，推出过许多经典系列游戏，如《魔兽争霸》《星际争霸》《守望先锋》《暗黑破坏神》《炉石传说》等。暴雪嘉年华（BlizzCon）就是由该公司举办的年度盛事，在电子竞技玩家和游戏爱好者中享有很高的声誉。

暴雪嘉年华 BlizzCon

（一）赛事简介

暴雪娱乐创立于 1991 年，创立者是美国加利福尼亚大学洛杉矶分校的三名毕业生，最初的名字叫 Silicon&Synapse，1994 年正式更名为 Blizzard。暴雪嘉年华每年举办一届，第一届举办于 2005 年，除了回顾暴雪娱乐的历史、发展和首次公开《星际争霸：幽灵》的一些特性等环节外，还在世界范围内邀请电子竞技高手来到嘉年华现场参加邀请赛，内容包括《魔兽争霸Ⅲ》《星际争霸》，后来发展成为暴雪全明星邀请赛。

2018 年的暴雪嘉年华则包含了多项世界顶级的电子竞技赛事，如风暴英雄全球冠军赛、星际争霸Ⅱ世界杯联赛全球决赛、魔兽世界竞技场世界杯联赛决赛、守望先锋世界杯、炉石传说世界大赛等。

（二）赛事解析

暴雪嘉年华是玩家深入了解暴雪娱乐产品的平台，也是电子竞技玩家和游戏爱好者的一年一度的盛大聚会。在嘉年华上，暴雪娱乐的游戏开发团队会公布大量游戏相关的新闻和消息，除此之外，还包括玩家画作、影片制作、配乐制作、COSPLAY、电子竞技等各种竞赛活动，入场者还能得到暴雪娱乐赠送的"惊喜袋"，里面装有暴雪游戏的相关产品，吸引了大量业内人士和游戏玩家参加，全世界的玩家都有机会互相交流，并亲身体验与大量游戏相关的精彩活动和内容。

十、英雄联盟全球总决赛

英雄联盟全球总决赛（League Of Legends World Championship）每年举办一次，是《英雄联盟》最盛大的比赛，从 2011 年至今已经举办了七届，主办方是《英雄联盟》的推出者，即美国网游开发商拳头公司。

第三章 电子竞技赛事概述

英雄联盟全球总决赛

（一）赛事简介

英雄联盟全球总决赛共有 14 个赛区，包括韩国的 LCK、中国港澳台地区的 LMS（LMS 联赛）、欧洲的 LCS（LCS·EU）、北美的 LCS（LCS·NA）、中国（内地）大陆地区的 LPL、东欧的 LCL、巴西的 CB《英雄联盟》、东南亚的 GPL、北拉丁美洲的 LLN、南拉丁美洲的 CLS、土耳其的 TCL、大洋洲的 OPL、日本的 LJL 和越南的 VCS。采取的是入围赛、小组赛、淘汰赛的比赛机制，每年夏季赛结束后的 9~10 月举行。

2011 年，英雄联盟全球总决赛第一赛季（S1）开赛，以优秀的品质获得了极高的关注度，被许多世界顶级电子竞技赛事联盟确定为正式比赛项目。随后，英雄联盟全球总决赛连续多年刷新观赛人数纪录，在第六赛季（2016 年）中，15 个比赛日的全球累计独立观赛人次达到 3.9 亿，其中，SSG 与 SKT 之间的冠军赛吸引了 4300 多万独立观众观看，在线观看人数达到 1470 万人，这个数字刷新了所有电子竞技赛事的纪录。

2017 年，英雄联盟全球总决赛第七赛季落地我国，在武汉举行入围赛和小组赛，在广州举行八强淘汰赛，在上海举行半决赛，最后在北京国家体育场"鸟巢"举行总决赛。本届赛事的全球累计收看时长突破 12 亿小时。在观赛人数方面，冠军争夺战的全球独立观众为 5760 多万人，半决赛中 RNG 与 SKT 的对决吸引了全球 8000 多万独立观众的目光。

2018 年，英雄联盟全球总决赛在韩国仁川举行，共有 9960 万独立观众收看了比赛的内容，同时在线人数峰值达到 4400 万，平均分钟收视人数为 1960 万。iG 战队为我国夺得英雄联盟全球总决赛首个冠军。

（二）赛事解析

英雄联盟全球总决赛自举办第一届以来，登陆过瑞典、美国、新加坡、韩国、法国、英国、比利时、德国、中国等国家，是《英雄联盟》所有比赛项目中知名度最高、含金量最大、竞技水平最高、最具荣誉的世界级顶级电子竞技赛事。在 2017 电子竞技产业奖 Esports Industry Awards 颁奖典礼上，英雄联盟全球总决赛第七赛季获得"年度电子竞技赛事"奖，比赛主办方兼《英雄联盟》开发商拳头公司则获得当年的"年度厂商"奖。毫无疑问，英雄联盟全球总决赛在世界电子竞技史上写下了浓墨重彩的一笔。

十一、DOTA2 国际邀请赛（TI）

DOTA2 国际邀请赛全称是 The International DOTA2 Championships，简称 TI，创立于 2011 年，由《DOTA2》开发公司 Valve 主办，是《DOTA2》规模最大、奖金额度最高的国际性高水准比赛。

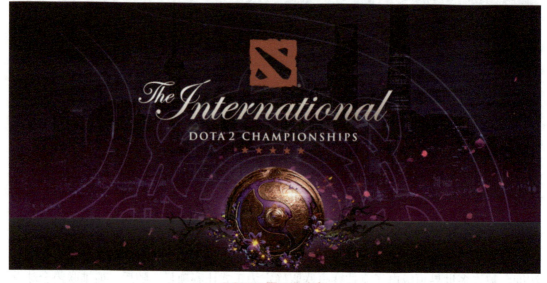

DOTA2 国际邀请赛

（一）赛事简介

DOTA2 国际邀请赛每年举办一届，冠军将获得 Valve 特别制作的冠军盾牌，每届冠军队伍及其人员的名字还会被记录在游戏泉水的冠军盾中。

2011 年，首届 DOTA2 国际邀请赛在德国科隆开幕，总奖金为 160 万美元。当时《DOTA2》在我国境内走红，但这场比赛并没有引起我国大多数电子竞技玩家的关注，只有 EHOME 战队针对比赛进行了为期一周的训练，最后获得了亚军。这时，DOTA2 国际邀请赛才渐渐走进了我国电子竞技玩家的视野。

2014 年，第四届 DOTA2 国际邀请赛总奖金超过 1000 万美元，让《DOTA2》成为舆论关注的焦点，甚至引起了国内传统媒体的重视。通过媒体的报道，国内对电子竞技普遍存在偏见的情况有所改观。2016 年，第六届 DOTA2 国际邀请赛总金额突破 2000 万美元，仅冠军就能得到900多万美元的奖金。2018年，比赛总金额再次刷新纪录，提升至2381万美元。

（二）赛事解析

《DOTA2》属于MOBA类游戏，曾在2013年获得最佳策略游戏和最佳多人游戏两项大奖，是同类游戏中的佼佼者。DOTA2国际邀请赛之所以能够享誉全球，其原因之一就在于游戏本身在国内外都享有广泛的知名度和极高的受欢迎度。此外，在众多电子竞技赛事中脱颖而出的奖金额度也是让它成为电子竞技焦点的重要原因。

十二、世界电子竞技大赛（WCA）

世界电子竞技大赛的英文名是World Cyber Arena，简称WCA。该项赛事创立于2014年，由银川市政府、银川圣地国际游戏投资有限公司（Yinchuan International Game Investment Co.Ltd）运营。

世界电子竞技大赛WCA

（一）赛事简介

2014年2月，WCG宣告终结，银川市政府以前瞻性的目光，与银川圣地国际游戏投资有限公司联手推出WCA，填补了WCG退出历史舞台后留下的空白。

WCA的口号是"Hero's Arena，Player's Dreamland"（英雄的竞技场，玩家的寻梦地），选择全球最热门的游戏作为比赛项目，历届比赛项目包括《炉石传说》《DOTA2》《苍穹变》《穿越火线》《坦克世界》《魔兽争霸Ⅲ》《三国杀》《反恐行动》等。

2014年，第一届WCA开赛，吸引了全球29个国家和地区的电子竞技选手参加，创造了电子竞技历史上参赛选手最多、覆盖范围最广的世界纪录。2015年，WCA以全赛制、全天候、全平台、高奖金再次吸引了全球电子竞技玩家和游戏爱好者的目光。2016年，WCA在赛制的职业化和全球化方面做了升级，以打造现象级第三方电子竞技赛事为目标继续向世界顶级职业体育赛事迈进。

2017年，WCA划分出五大赛区，并推出职业赛、平台杯、网吧赛、中外对抗赛、高校赛五大赛事类型。同时举办海外赛事，实行成员国及地区推荐名额的特选机制，这意味着电子竞技水平相对落后的国家和地区也有机会参与到这场世界级电子竞技赛事中来。

（二）赛事解析

WCA举办为国内外高校之间的电子竞技对抗与交流提供了良好的平台，各种电子竞技水平的国家和地区都有机会参加比赛，共同享受电子竞技带来的乐趣。通过比赛，WCA实现了体育竞技精神、国家荣誉感和民族自豪感的传递，是我国电子竞技发展史上的重要里程碑，对我国乃至世界电子竞技事业的发展都起到了积极的推动作用。

十三、全国电子竞技大赛（NEST）

全国电子竞技大赛英文名是National Electronic Sports Tournament，简称NEST，是国家体育总局体育信息中心主办，上海华奥电竞信息科技有限公司、浙报传媒集团股份有限公司、厦门建发集团有限公司承办，向全国18岁以上的电子竞技爱好者开放的国家级电子竞技赛事。

全国电子竞技大赛NEST

（一）赛事简介

NEST于每年7月至11月开赛，分为线上赛和线下赛两个阶段，参赛选手被划分为职业组、高校组和大众组三个组别。历届比赛项目包括《英雄联盟》《穿越火线》《炉石传说》《FIFA Online3》《风暴英雄》《DOTA2》《星际争霸Ⅱ》《梦三国2》《王者荣耀》等。截至2017年，NEST已经成功举办了5届，赛事规模和时长连续走高。

2013年，首届NEST拉开帷幕，这次大赛的口号和目标是"让游戏回归电子竞技，让电子竞技回归主流，传递中国电子竞技正能量"。2016 年，NEST 的网络直播收视率刷新了历届比赛的纪录，网络直播平台同时在线观看人数的峰值超过 500 万人，累计观看人数超过 4500 万人。2017 年，来自国内 19 个省、52 座城市的 1700 支大众战队报名参加 NEST 海选，NEST 官方微博发起的大赛话题阅读量超过 800 万，69 家媒体对赛事做了报道，覆盖受众达 2000 多万。2018 年，NEST 历时 9 个月，覆盖高校赛、大众网吧赛、大众商圈活动和职业组线上赛，其中职业组线上观赛突破 2.45 亿人次。

（二）赛事解析

NEST 的举办填补了国内大型综合电子竞技赛事的空白，和其他由游戏公司或国外厂商主办的电子竞技赛事不同的是 NEST 是一项"国字号"电子竞技赛事，它的推出标志着国家层面对电子竞技运动的认可和支持，是我国电子竞技历史上一个重要的里程碑。

2018 年，NEST 正式推出大赛主题曲《雄心无价》，与 2018 年 NEST 的主题"不破不立无畏之心"相契合，体现了电子竞技运动不断超越自我的拼搏精神，彰显了 NEST 倡导让电子竞技运动回归主流的决心。NEST 力求用最专业的态度打造一场国家级综合类电子竞技赛事，为全国电子竞技玩家和游戏爱好者提供一个集竞争与交流于一体的电子竞技高端平台，将 NEST 打造成为我国电子竞技综合类赛事的专业品牌，推动我国电子竞技事业不断向前发展。

拓展思考

1. 世界三大电子竞技赛事指的是哪三大赛事，分析三大赛事的特点和运营模式。
2. 查阅相关资料，说出当前较成熟的赛事举办方式、运营模式以及盈利方式。
3. 查阅相关资料，用表格列举我国当前《DOTA2》和《英雄联盟》相关赛事，并分析不同赛事的特点。
4. 针对英雄联盟全球总决赛，说出赛事的举办方、赛事模式，并思考其未来发展方向。

第四章 电子竞技俱乐部

能力目标

1. 了解俱乐部的形成与组建。
2. 掌握俱乐部的职位构成。
3. 掌握俱乐部的日常收支结构以及运营模式。

素养目标

1. 培养诚信的品质和契约精神，思考在俱乐部中如何建立合理的薪酬体系。
2. 以我国优良传统为基础，思考如何培养选手的职业素养和道德素养。

第一节 电子竞技俱乐部概述

我国的电子竞技俱乐部是伴随电子竞技事业的发展而发展起来的，在电子竞技萧条时期，电子竞技俱乐部的发展也极不乐观。尤其是在电子竞技发展前期，电子竞技的发展状况直接决定了俱乐部发展的好坏。如今，随着电子竞技行业规模的不断扩大，电子竞技俱乐部也迅速崛起，并与电子竞技形成相辅相成、相互影响的发展趋势。

一、职业体育俱乐部

职业体育俱乐部是在职业体育的基础上发展起来的。职业体育又称商业体育，是一种以盈利为目的的商业化、市场化体育活动，追求的是赛事的票房价值，核心是赛事的运作和推广，由专业人士负责，通过赛事广告、门票、转播等方式吸引市场投资，获得商业收入；职业体育俱乐部则是指具有企业法人资格的、拥有由职业运动员组成的，有资格参加全国职业队联赛的职业运动队的体育俱乐部。

职业体育俱乐部是追求利润最大化的特殊体育企业，带有显著的职业体育特性，通过经营某项高水平运动项目训练和竞赛、兴办训练竞赛并开发附属产品来营利。按照性质划分，职业体育俱乐部可以分为营利型和非营利型两种。

非营利型职业体育俱乐部指的是根据市场机制经营职业运动队的首要目的是创收，而非营利，将解决职业运动员的生计、训练和比赛问题放在首位。所以，非营利型职业体育俱乐部事实上指的是这一类俱乐部中的职业运动队。

营利型职业体育俱乐部指的是完全按照市场经济机制经营的，以体育竞技比赛为手段，将营利作为首要目标的商业组织，例如曼联是英格兰盈利能力最强的足球俱乐部，它的收入主要分为比赛收入（主要为比赛日主场门票收入）、电视转播权收入和商业收入（包括商业赞助和商品销售）。曼联的收入结构非常清晰，也是目前世界上收入结构最均衡的俱乐部。

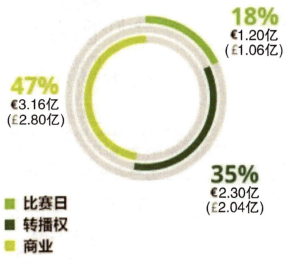

曼联2017~2018年赛季收入构成

在曼联的收入构成中我们可以看到，比赛日的门票收入占了最高的比重，曼联每年大约能卖出1亿英镑的门票，曼联作为世界顶级的足球豪门，在全球都拥有极高的人气，因此它的赛事转播收入与商业收入也非常高。曼联在赞助开发方面做得非常充分，设置了专门的部分负责市场营销，赞助以外还有衍生品的销售，包括球星球衣、品牌授权等，当然这与他们的比赛成绩也密不可分。

营利型职业体育俱乐部的发展模式是目前电子竞技职业俱乐部借鉴的一个方向，目前我国的电子竞技俱乐部在这三个盈利点上的开发尚不够完善，但已经在这些方面做出了初步的尝试，如俱乐部赛事设置主客场模式，开发品牌授权的衍生产品销售等。相信未来我国的电子竞技职业俱乐部的经营也会更加成熟，向传统体育俱乐部看齐。

二、职业电子竞技俱乐部

目前，对职业电子竞技俱乐部还没有明确的定义，将职业体育俱乐部的定义进行延伸，则职业电子竞技俱乐部指的是具有企业法人资格的、拥有由职业电子竞技选手组成的、有资格参加国内外各项职业电子竞技大赛的职业运动队的体育俱乐部。

我国当前符合上述定义的电子竞技俱乐部有30多家，这些俱乐部全都具有企业法人资格，拥有职业电子竞技选手，并且是以营利为目的参加我国各级职业电子竞技联赛的。虽然在现阶段，我国职业电子竞技俱乐部的数量和我国电子竞技玩家的数量存在很大差距，但这也从侧面反映出我国职业电子竞技俱乐部拥有广阔的发展空间。反过来，随着职业电子竞技俱乐部的发展，我国电子竞技运动的水平将进一步提升，电子竞技赛事也将更具专业性。

以下列举了几个我国目前比较知名的电子竞技职业俱乐部见下表。

俱乐部名称	iG（invictus Gaming）
战队 LOGO	
创立时间	2011 年
涉及项目	《DOTA2》《英雄联盟》《星际争霸Ⅱ》等
所在城市	上海
创始人	王思聪
代表人物	430、YYF、Zhou、The Shy、Jackylove 等
所获奖项	第二届 DOTA2 国际邀请赛冠军、2017 年 DAC 亚洲邀请赛冠军、英雄联盟 S8 全球总决赛冠军等

俱乐部名称	LGD（LGD—GAMING）
战队 LOGO	
创立时间	2009 年
涉及项目	《DOTA2》《英雄联盟》《守望先锋》等
所在城市	杭州
创始人	伍声（2009）
代表人物	Maybe、Yao、Ame、Chalice 等
所获奖项	第八届 DOTA2 国际邀请赛亚军、2018 年震中杯冠军、2018 年 MDL 长沙站冠军、第九届 DOTA2 国际邀请赛季军等

俱乐部名称	Newbee（Newbee Gaming）
战队 LOGO	
创立时间	2014 年
涉及项目	《DOTA2》《英雄联盟》《炉石传说》《FIFA》《风暴英雄》等
所在城市	上海
创始人	佟鑫
代表人物	Sccc、MU、Hao、Xiao8 等
所获奖项	第四届 DOTA2 国际邀请赛冠军、2016 年南洋杯 DOTA2 国际锦标赛冠军、2016 年炉石传说黄金国际挑战赛冠军等

俱乐部名称	EDG（EDward Gaming）
战队 LOGO	
创立时间	2013 年
涉及项目	《英雄联盟》《王者荣耀》《绝地求生》等
所在城市	上海
创始人	朱一航
代表人物	Clearlove、Zet、Koro1、Meiko、Mouse、Scout 等
所获奖项	2018 年 LPL 春季赛亚军、2017 年 LPL 夏季赛冠军、2016 年 LPL 夏季赛冠军等

俱乐部名称	RNG
战队 LOGO	
创立时间	2012 年
涉及项目	《英雄联盟》《DOTA2》《王者荣耀》《和平精英》《QQ 飞车》《绝地求生》《炉石传说》《守望先锋》和《火箭联盟》等
所在城市	上海
代表人物	UZI、Xiaohu、Karsa、Ming 等
所获奖项	2018 年 MSI 季中邀请赛冠军、2017 年 LPL 夏季赛亚军、2016 年 LPL 春季赛冠军等

三、我国电子竞技俱乐部联盟

任何一个体育项目的发展都会从野蛮生长逐渐转向规范化，电子竞技也不例外。如 NBA 的联赛经营体制是由俱乐部和联盟双重构成，联盟作为一个非营利性的商业机构，负责组织、推广、经营赛事，处理涉及俱乐部之间的公共事务，所产生的营利均归各俱乐部所有，而联盟的各项开支、人员费用也由各俱乐部来承担。通过联盟的约束，来管理俱乐部的一切公共产品及公共事务。

在早期，我国电子竞技正是由于缺乏政策条例与规章制度的约束，曾经多次出现过队员擅自离队或是老板携带奖金跑路等事件，既保障不了队员的权利，也不能保证老板的权益。2011 年，国内包括 WE、iG、DK 在内的多家电子竞技俱乐部自发成立了中国电子竞技俱乐部联盟（Association of China E-sports，简称 ACE），主要负责国内职业电子竞技战队的注册、管理、转会、赛事监督等工作，以及颁布职业联赛参赛俱乐部管理方法、职业选手个人行为规范等条例。ACE 成立的宗旨是推动我国电子竞技事业的发展，基本目标是维护我国电子竞技俱乐部和职业电子竞技选手的相关权益，是促进我国电子竞技行业蓬勃发展的关键组织。

ACE 电子竞技联盟

（一）ACE 的成立背景

任何行业的发展都离不开一定的规定、规则，以及执行这些规定、规则的人，随着我国电子竞技事业的不断发展，人们也逐渐意识到了这个新兴产业和其他产业一样，需要借助一套完善的规章制度来协助并引领自身发展。

自 2003 年电子竞技被正式确定为我国第 99 个体育项目以来，大大小小的电子竞技俱乐部纷纷成立。但是，由于我国电子竞技前期的发展状况不尽人意，各类赛事不能如期举行甚至被取缔，赞助商和投资人对电子竞技的热情逐渐冷却，俱乐部缺少必要的收入来源，入不敷出，很多俱乐部因此停运。因此，我国电子竞技俱乐部十分需要一个统一的管理机构来引领我国电子竞技俱乐部的发展，ACE 就是在这样的背景下诞生的。

（二）ACE 成立的意义

ACE 存在的意义就是规范了电子竞技行业的规章与各个组成分子之间的联系，让混乱的事情有了秩序，让有争议的事情能得到公正的解决。联盟的出现对电子竞技的发展肯定是有益处的，它可以维护联盟中各个战队的利益，尤其是在规范选手与俱乐部之间的转会方面，有了选手转会规章制度，便杜绝了选手不遵守契约、俱乐部随意挖人等现象的出现。

（三）ACE 引发的问题

约束象征着制约，而制约往往会带来阻力与争议，ACE 成立之后也出现过一些问题。如 ACE 曾在 Wings 战队与老东家发生矛盾分歧离队重组 Random 战队时，通过会议禁止我国所有俱乐部接收 Wings 战队的队员，在 EHOME 战队执意接受了 2 名队员以后，被联盟永久禁赛，导致 EHOME 除了 Valve 旗下的官方比赛无法参加任何其他比赛，引起了众多玩家的热议与不满。

在此事件发生以后，Valve 对 TI8 的赛事进行了改革，启用 Major 和 Minor 制度，直接接管各项大赛，实际上就将 ACE 架空了，剥夺了联盟的干涉管理权，在此之后的 ACE 便已名存实亡，但它所带来的规范化制度一直被各大俱乐部沿用至今，因此它的出现还是存在着一定的价值，对我国电子竞技的发展也带来了一定的正向推进作用。相信未来随着我国电子竞技的发展更加成熟，一定还会出现更加完善并且能兼顾选手和俱乐部权利的监管机构，因为产业的成熟必须要有这样的中立联盟来保障各方利益和行业的规范化运作。

第二节 我国电子竞技俱乐部的发展与现状

职业电子竞技俱乐部是电子竞技行业的重要组成部分，它的实际发展水平直接决定着电子竞技运动的整体发展水平。目前，我国电子竞技俱乐部的管理和运营还处在探索阶段，各俱乐部都还没有找到合理的、良性的、成熟的管理运营模式，职业化程度有待提高。

一、我国电子竞技俱乐部的形成

任何事物的形成都会经历一个或是多个阶段的发展，电子竞技俱乐部同样如此。对我国电子竞技俱乐部的发展历程进行分析和归纳，可以将其划分为四个发展阶段。

（一）第一个阶段：业余战队

战队指的是由同一款电子竞技游戏玩家组成，以参加电子竞技赛事为目的成立的互益性组织。业余战队则是指在业余时间组织训练和参加比赛的队伍，通常不以电子竞技为职业，也不以营利为目的，因此具有自发性、规模小、成员多来自同一地区且不稳定、缺乏组织性和规范性等特点。在我国电子竞技发展的早期，网吧和局域网对战游戏很受年轻人的喜爱，一些网吧为了吸引玩家、扩大营利，会独立组织一些小型、业余的电子竞技比赛，一些电子竞技玩家出于爱好自发组队参加，业余战队就这样诞生了。

局域网联机（对战）

(二)第二个阶段:半职业战队

早期业余战队参加电子竞技赛事主要是为了夺取胜利,获得心理和精神上的满足感。后来,随着赛事日益增多,业余战队的成员逐渐从不稳定变得稳定,还规定了特定的练习和比赛时间。其中,一些战队表现得尤为出色,开始不满足于单纯的获胜,而是开始以夺得奖金为参赛目的,于是业余战队就发展成了半职业战队。

(三)第三个阶段:职业战队

当半职业战队中的佼佼者能够在比赛成绩上有所保证以后,就开始在全国范围内积极参加电子竞技比赛,把赢得比赛奖金当成谋生的手段,这时就形成了职业战队。和半职业战队相比,职业战队的运作和管理更具组织性和规范性,成员也更加稳定。不过,这个阶段的战队管理通常都是由战队成员负责的,一些成员由于年龄的增长,成绩有所下滑,便退出赛场,担任领队,转型成为战队的管理者,主要责任是管理战队,促进战队的良性发展。

(四)第四个阶段:职业电子竞技俱乐部

随着我国电子竞技发展进入快车道,不少赞助商和投资商都十分看好电子竞技的商机,一些管理制度和运营模式相对完善的职业战队得到赞助商和投资商的青睐,有了稳定的资金来源。得到赞助和投资后,战队的组织化管理得到了进一步提升,变得更加规范和成熟,由此形成了我国最早的职业电子竞技俱乐部。

例如,LGD战队是我国历史悠久的知名电子竞技俱乐部之一。它成立于2009年,当时伍声(2009)找来Gx、ZSMJ以及两名浙大的校内选手组建了LGD战队的前身——FTD(For The Dream)战队。最初的FTD由伍声一人出资创立并支付队员工资,直到2010年,贵州老干爹食品有限公司、宁波盛光天翼科技有限公司与FTD战队达成三方合作协议,FTD接受老干爹与盛光天翼的联合赞助,正式更名为LGD.sGty,并启用新队标。之后伍声2009退出,潘婕RURU加入并担任战队经理,LGD的前期时代便结束了,之后的LGD与FTD便再无关系,从此也开启了属于LGD的一个新时代。直至今日,LGD从草根战队到"一起哈啤",也从曾经"睡大街"的队伍变成了国内"豪门"之一,成为了一个运营体系相对健全、盈利渠道相对多元的顶尖电子竞技俱乐部,它孕育了许多电子竞技新秀,也是众多电子竞技爱好者们心中不灭的情结。

二、我国电子竞技俱乐部的运营现状

虽然目前我国电子竞技行业有着巨大的规模,但是,电子竞技俱乐部的规模并没有与这个规模相匹配,这说明我国电子竞技俱乐部还没有得到充分的发展,未来有着巨大的发展潜力和市场空间。

(一)电子竞技俱乐部的支出和收入情况

截至2017年,我国一、二线的职业电子竞技俱乐部有80多家,其中大部分俱乐部至今都没能实现完全营利,大部分俱乐部的支出都大于收入。

在支出方面，因电子竞技俱乐部条件不同支出也大不相同，这些支出主要包括俱乐部经理、领队、战术分析师、队员等的工资，以及训练基地的租赁费用、相关人员的衣食住行费用等。由此可见，电子竞技俱乐部的运营成本是相当大的。

在收入方面，电子竞技俱乐部队员在电子竞技赛事中取胜后，虽然能够赢得数额不等的奖金，但是这些奖金大部分会分配给选手，因此不是电子竞技俱乐部的主要收入。目前，我国电子竞技俱乐部的主要资金来源是战队出席商业活动的推广费用、官方平台直播收入、战队官方淘宝店的业绩以及赞助商的投资等，这些收入平均到每个月以后，数额并不可观，更无法完全抵消俱乐部的运营成本。因此，目前大部分电子竞技俱乐部都存在入不敷出的情况，具体可参见下表。

收入	支出
奖金分成	人员工资
商业推广活动	训练基地场地费用
直播平台收入	人员差旅
赛事转播权分成	选手签约、转会费用
衍生产品销售	宣传推广费用
赞助商投资	选手包装
教育培训	公司基础设施费用（网络、办公场地设施、视频制作、办公日常花销等）

基于以上原因，当前我国的电子竞技投资人投资电子竞技俱乐部更多的是出于兴趣和爱好，通过电子竞技俱乐部营利并不在他们的投资计划之内，因为他们深知在当前想要依靠电子竞技俱乐部获得巨额收入是十分困难的。

（二）电子竞技俱乐部的运营现状

从运营角度来说，我国电子竞技俱乐部虽然取得了一定的发展，但还存在许多问题，导致运营现状并不乐观。

1. 电子竞技俱乐部的资金来源

在我国电子竞技俱乐部的主要资金来源中，赞助商的投资占有较大的比例，其他部分则通过周边产品的销售、直播中广告的植入、论坛横幅广告的支持和赛事奖金中获得。我国电子竞技发展早期，社会大众对电子竞技的接纳和认可程度较低，向电子竞技俱乐部提供资金的赞助商非常少，导致电子竞技俱乐部运营困难。后来，随着政策、经济、社会文化地位等大环境的不断改善，投资电子竞技俱乐部的赞助商越来越多。例如，许多硬件设备生产商选择在设备方面对电子竞技俱乐部提供赞助，他们邀请电子竞技俱乐部的明星选手参与产品设计，既能让产品更贴合电子竞技的实操需求以扩大产品受众，又能通过明星效应获得营利。

当然，电子竞技俱乐部的赞助商在选择赞助对象的时候会有很多考量，除了战绩以外，还包括俱乐部的管理水平，一些赞助商甚至认为管理水平比战绩更重要，只要具备良好的管理机制，就不难赛出理想的成绩。因此，符合赞助商要求的大都是制度较完善、管理人员水平较高、选手较专业的一线电子竞技俱乐部，如 WE、皇族等。二、三线电子竞技俱乐部就只能在夹缝中求生存，举步维艰。

2. 电子竞技俱乐部的管理问题

除了资金来源以外，影响电子竞技俱乐部发展的另一个至关重要的问题就是管理。在管理方面，我国现阶段的电子竞技俱乐部还存在许多问题，主要包括以下几点：

（1）管理人员的管理素质普遍不高

目前，我国大部分电子竞技俱乐部的管理人员都由退役的电子竞技选手担任，虽然他们拥有丰富的比赛经验和电子竞技圈人脉，但年龄和文化程度普遍偏低，不具备足够的理论性和专业性知识，导致管理能力和管理态度有所不足，直接结果就是使电子竞技俱乐部在管理和运营方面存在很多缺陷以致陷入困境。

电子竞技俱乐部还可以选择由专业管理人才担任管理人员，但这同样存在问题。专业管理人才具备足够的管理知识、管理经验，拥有较强的管理能力和正确的管理态度，但是由于他们对电子竞技运动和电子竞技赛事缺乏了解，因此很容易在和成员的沟通上出现问题，严重的甚至会导致团队分裂、解体。例如，在TI6上大放异彩的Wings战队，由于老板本身并不了解电子竞技，投资Wings也是出于商业考虑，在实际经营管理时也没有结合《DOTA2》圈的氛围现状，出现与队员产生了较大的分歧后，也并没有采取妥善的处理方法，导致一个传奇队伍最终分崩离析，引人唏嘘。所以，在管理人员方面，目前的大部分电子竞技俱乐部都面临着"选择退役选手还是专业管理人才"这样的难题。

（2）选手年龄小、管理难度大且缺乏契约精神

职业选手是构成俱乐部的基础，也是影响俱乐部职业化程度的重要因素，更是俱乐部生存的根本资产，因此，俱乐部对职业选手的管理关系着俱乐部能否健康、完善、持续地运作下去。由于电子竞技的特殊性，职业电子竞技职业选手的管理难度较传统体育选手更大。

电子竞技职业选手的年龄普遍较小，大多是十七、十八岁的青少年，电子竞技职业生涯开始较早，正值生理和心理成长的关键期，其中不少人带有严重的逆反心理，虽然电子竞技经验丰富、技术水平高，但是缺乏社会经验，自我意识较强，叛逆心理较重，再加上俱乐部长时间、高强度的管理和训练本就会影响职业选手的身心健康，因此选手和俱乐部之间很容易产生矛盾和冲突。此外，由于年龄偏小，大部分选手接受的文化教育比同龄人少，且缺少校园环境和社会环境的历练，心理成长相对不足，导致自我意识较强、缺乏契约精神等问题，加大了管理难度。例如某电子竞技职业选手，在队伍组建完成后，训练了一段时间便"离奇消失，不告而别"，这种现象在电子竞技的发展早期非常常见，至今都还偶有出现。电子竞技俱乐部的选手甚至存在这样一种情况：因为战绩突出或性格狂傲，经常和其他选手发生矛盾和冲突。因此，电子竞技选手自身的特点也给俱乐部的管理带来了很大的困难。

综合以上，俱乐部在对于职业选手的管理方面，不仅要考虑队员的年龄，保证训练质量的前提下去兼顾队员的心理与身体健康，同时也要保证职业选手的合法权利不受损害，关心职业选手退役之后的职业生涯规划，给予他们多条选择的道路，以保证他们退役之后的生活质量。兼顾以上几点，相信职业选手与俱乐部之间的相处会更加容易，管理工作也会更加顺畅。

（3）职业选手对自身待遇和俱乐部运作方式的不满

大部分电子竞技俱乐部的选手对自己的待遇都不满意。电子竞技职业选手的收入主要包括工资、代言费和赛事奖金。其中，赛事奖金具有很强的不确定性，因此选手的收入并没有大多数人想象中的那么高。相比之下，电子竞技主播的收入就十分可观，而且更加稳定。不少电子竞技职业选手拥有了一定的人气后就转行做电子竞技主播，实际上就是选手不满于自身收入的结果。

电子竞技职业选手每天不低于10个小时的日常训练十分辛苦，一个简单的操作很可能需要每天重复练习数千次。长时间面对计算机和保持同样的坐姿会对选手的身体造成严重伤害，相比传统职业体育选手的伤病，电子竞技职业选手的伤病更难治愈。高强度的训练固然是为了提高技术水平，增强个人和团队实力，但不少职业选手都表示希望能够得到更加科学的训练和指导，拥有规律、健康的生活作息，并且能够和管理层有更多的沟通。

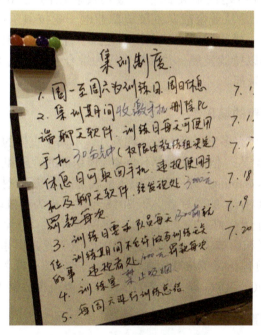

某国内电子竞技俱乐部训练要求

此外，职业选手对俱乐部商业化程度过高也有不满。对很多电子竞技职业选手来说，在高强度训练和比赛之外，还要频繁参加各种商业活动。虽然商业化运作是俱乐部生存的根本，但是如果商业活动太多，就会影响职业选手的训练时间，进而影响比赛战绩。因此，很多电子竞技选手希望俱乐部和赞助商能够在保证战队成绩的基础上，采取更加丰富和成熟的商业手段进行经营。

综上所述，我国电子竞技俱乐部想要得到质的提升，还需要在外界环境、俱乐部和选手三个方面同时发力。

三、我国电子竞技俱乐部组建模式分析

电子竞技俱乐部按照组建模式的不同，可以分为三种：一种是选手自行组建的俱乐部，一种是个人组建的俱乐部，还有一种是公司组建的俱乐部。

（一）选手自行组建的俱乐部

这类的俱乐部主要由职业战队演化而来。在职业战队中，一些选手退役之后转变为战队的管理者，战队在这种统一的管理之下渐渐升级为俱乐部。选手自行组建的俱乐部是我国最早兴起的电子竞技俱乐部，最初大都依靠赞助商维持运营、获取收益。因为投资商赞助电子竞技俱乐部的主要目的是营利，所以投资商往往选择赞助那些在短时间内取得了突出战绩的俱乐部，这就导致电子竞技俱乐部缺乏长期的、持续的资金来源。在这一极不稳定的外部条件的影响下，选手自行组建的俱乐部大部分都转型为公司投资所属的模式维持运营。

目前，在选手自行组建的俱乐部中，最具代表性的是 AgFox 电子竞技俱乐部。AgFox 成立于 2007 年，是从业余战队发展成职业电子竞技俱乐部的典型代表。在业余战队阶段，AgFox 凭借一批优质的电子竞技职业选手打出了突出的战绩，战队因此获得了较为稳定的赞助，得以持续发展，并最终升级为综合性职业电子竞技俱乐部。FTD 也是由选手自行组建的俱乐部。

（二）个人投资组建的俱乐部

个人投资组建俱乐部大多出于个人的兴趣爱好，不属于直接的商业赞助行为。这类俱乐部通常归属于投资者个人，但是投资者不会参与俱乐部的管理和运营。2011 年，王思聪投资组建的 iG（invictus Gaming）电子竞技俱乐部就是这类电子竞技俱乐部的典型代表。

王思聪本人是《DOTA》的爱好者，于 2018 年注册成为英雄联盟职业选手，他投资组建 iG 的很大原因和个人爱好有关。因为拥有雄厚的财力、经验丰富的企业管理团队以及王思聪本人的知名度和影响力，iG 很快就在国内电子竞技俱乐部中名列前茅。目前，iG 涉足的电子竞技项目包括《英雄联盟》《DOTA2》《守望先锋》《星际争霸Ⅱ》等，战绩斐然。如 EDG、KING、RNG 等，也都是由个人投资组建的俱乐部。

（三）公司投资组建的俱乐部

目前，公司投资组建的俱乐部是我国最普遍的电子竞技俱乐部类型，这类俱乐部的归属权在俱乐部公司手中，但是俱乐部里的电子竞技选手和俱乐部公司是合约关系，并非公司职员。这一点与韩国有所不同，韩国的电子竞技俱乐部中的选手属于公司职员，享有投资公司正式员工的待遇。

在众多公司投资组建的电子竞技俱乐部中，最具代表性的是 WE（Team World Elite）电子竞技俱乐部。WE 创立于 2005 年，是我国第一个职业电子竞技俱乐部，投资方是当时最专业、规模最大的电子竞技网站 Resplays.Net，目前隶属于希玛（上海）文化传播有限公司。WE 发掘、培养了不少明星选手，在各大电子竞技赛事上都取得过傲人的战绩，其中最为人所熟知的莫过于魔兽"人皇"李晓峰（Sky）蝉联 2005WCG、2006WCG 魔兽争霸Ⅲ世界冠军的辉煌战绩。

第四章　电子竞技俱乐部

目前，WE 在选手梯队建设、市场开发和管理运作等方面都走在国内电子竞技俱乐部前沿，其管理模式得到国内大部分俱乐部的认可和效仿，在推动我国电子竞技事业和电子竞技俱乐部的发展方面起到了重要作用。如 EHOME、GK 等，也都是由公司投资组建的俱乐部。

WE 俱乐部 logo

四、我国电子竞技俱乐部的组织结构与职能分析

我国电子竞技俱乐部的组织结构是以综合性俱乐部为范本构建起来的，因此基本组织结构与综合性俱乐部基本相同，都由选手、教练、领队、战术分析师、经理、投资人、媒介组成，各个组成部分承担相应的职责，不能互相替代。

选手指的是电子竞技俱乐部中的职业电子竞技运动员，是俱乐部的重要资产。选手的主要职责是进行高强度训练，持续参加各类电子竞技赛事，出席商业活动，而赢得比赛、获得奖金是其中最重要的内容。

教练指的是从事训练他人并使其掌握某种技术活动的人员，就电子竞技俱乐部而言，教练主要负责对选手进行日常训练和指导，提高选手的电子竞技水平。值得一提的是，早期电子竞技俱乐部尚不完善，没有独立的教练一职，教练的工作通常由领队负责。目前，教练身上的担子可以说是越来越重，随着《DOTA2》职业比赛教练可以上场 BP，这个岗位对比赛的影响也越来越大，例如 2019 年 VG 的功勋教练白帆（Rotk）以及 EHOME 的传奇教练张宁（Xiao8），他们均是大赛经验丰富且战绩优异的退役职业选手，对战术、阵容的理解在国内是顶尖级的，常常依靠精湛的 BP 让己方队伍在选完阵容之时就占尽上风。

领队的职责包括各项目战队的后勤工作、训练安排以及参加比赛的各项事宜，早期的领队还兼任教练一职。随着电子竞技俱乐部资金投入的增多、管理水平的提升，以及电子竞技项目的不断变化，领队渐渐减少或不再负责教练的工作。

为了适应日趋成熟的电子竞技赛事，战术分析师便应运而生了。战术分析师从字面意思来理解，就是帮助选手进行战术分析、战术选择和战术运用等的人员，要具有头脑灵活、具备全局观和优秀的决策能力，且对某个电子竞技项目的人物、技能、道具、地图等有充分了解的人才能胜任。

经理的职责是全面负责整个电子竞技俱乐部的管理和运营，具体包括根据俱乐部的战略规划制定并落实俱乐部的运营方针和政策；对俱乐部各部门进行组织和督导；建设会员发展平台和运营管理体系，为俱乐部的发展提供支持；为俱乐部塑造良好的公众形象，提高俱乐部的知名度等。

投资人指的是用现金购买某种资产以期望获取利益或利润的自然人和法人。广义的投资人包括股东、债权人和利益相关者；狭义的投资人只指股东。在电子竞技俱乐部中，投资人提供俱乐部管理和运营所需的资金，并期望通过俱乐部获益，是俱乐部的拥有者。

媒介主要负责俱乐部的宣传和推广工作，主要包括商务开发和市场推广，比如通过与各大电子竞技网站开展合作，提高俱乐部的知名度等。

随着我国电子竞技事业的不断发展和市场规模的不断扩大，如今的电子竞技俱乐部已经发展出了较为完善的组织结构，在知名度和影响力方面，一些俱乐部甚至可以和足球、篮球等传统体育俱乐部比肩。可以肯定的是，随着电子竞技事业和电子竞技俱乐部的继续发展，未来电子竞技俱乐部的组织结构也会发生相应的变化，变得更加完善和成熟。

五、职业电子竞技选手的培养与训练

任何企业想要取得长足发展，都需要优秀的专业人才做支撑，电子竞技俱乐部也是如此。选手是电子竞技俱乐部的重要资产和存在的保障，只有选手足够优秀，能够在赛事上获得成绩，俱乐部才能产生价值。因此，电子竞技俱乐部未来的发展很大程度上取决于选手职业化程度的高低。目前，我国电子竞技俱乐部普遍存在职业选手匮乏的情况，但是在职业选手的培养、选拔和训练等方面已经形成了较为稳定和成熟的模式。

（一）职业电子竞技选手匮乏的现状及原因

目前，我国已经跻身电子竞技大国之列，涌现出了许多知名度和实力兼备的电子竞技俱乐部，如 WE、iG 等。但是从总体来看，职业电子竞技选手的数量还远远不能满足电子竞技俱乐部的发展需求，主要原因如下。

1. 缺乏专业性课程体系和教育体系的指导

2017 年，我国有资格开设"电子竞技运动与管理"的高校开始招生，但是这门专业刚刚起步，还缺乏足够的理论知识和学术性研究做支撑。而且，该专业的培养重点是电子竞技行业的运营、管理、策划等人才，并非职业电子竞技职业选手。现阶段，电子竞技职业选手的培养任务主要是由各电子竞技俱乐部自行组织并完成的，没有形成规模。因此，现阶段我国职业电子竞技各方面的人才都无法与电子竞技行业的发展现状相匹配。

2. 社会大众对电子竞技的偏见依然存在

在国家政策的大力扶持下，电子竞技获得了空前宽松的发展环境，社会大众对电子竞技的态度有了很大的转变。但是，由于电子竞技和电子游戏的不可分割性，以及一些青少年以电子竞技为借口沉迷电子游戏的行为，导致社会大众对电子竞技的偏见依然存在，这也是电子竞技职业选手数量不足的重要原因之一。

（二）职业电子竞技职业选手的培养与选拔

电子竞技俱乐部都非常重视职业选手的培养和选拔，一是因为职业电子竞技职业选手基数小，呈现出"一将难求"的局面；二是因为职业选手的职业生涯非常短，更新换代很快。所以，电子竞技俱乐部只有不断培养和选拔新生代职业选手，才能为俱乐部的发展提供持续的动力。通过分析和归纳，目前常见的培养和选拔职业选手的方式主要有三种。

1. 从业余玩家中选拔

电子竞技发展的早期阶段不存在职业选手的概念，电子竞技玩家组成战队、训练、管理等一系列行为都是基于兴趣和爱好，并且都属于自发行为。后来渐渐发展出了半职业战队、职业战队，部分技术过硬的电子竞技玩家也就此走上了职业道路。现在，电子竞技俱乐部选拔人才的主流方式之一与此类似，他们通过举办各类选拔赛，从业余的电子竞技玩家中发掘高手，然后对其进行训练，将其培养成为合格的职业选手。

2. 自主挑选和培养

从业余玩家中选拔职业选手的方式显然跟不上电子竞技项目的更新速度，无法满足电子竞技俱乐部对职业选手的需求。因此，一些电子竞技俱乐部把目光投向了年龄较小、拥有良好发展潜力的选手，对他们进行有意识、有目的地训练和培养，并形成了自己的一套青训体系。

采取这种方式的电子竞技俱乐部以 LGD 为代表。LGD 拥有我国当前最为成熟和完备的青训体系，培养出了多名世界级的电子竞技选手，如 Maybe、Ame 等。LGD 的青训队伍名为 CDEC（China Dota Elite Community），CDEC 通过选拔一批具有电子竞技潜力的天赋型选手，进行不断的训练及培养。作为 LGD 主队的后备队员，在得到足够的成长后，主队队员退役时及时进行补充与顶替。在众多的青训队员中，最出类拔萃的当属 Maybe 了，在 CDEC 的培养下，成功将他打造成了国内顶级"天才中单"，并成就了一个 TI 亚军。不得不说 Maybe 的成功与 LGD 的青训计划密切相关，Maybe 和 CDEC 的故事，是 LGD 人才培养的缩影，也是我国电子竞技职业新人成长的经典案例，它背后映射着俱乐部与选手的努力和用心。

LGD VS CDEC

3. 直接收购

在电子竞技大发展的浪潮下，许多投资商和赞助商开始投资电子竞技产业，并组建了不少商业化程度很高的电子竞技俱乐部，如 iG 电子竞技俱乐部。这类电子竞技俱乐部往往急于求成，希望在短时间内得到预期的高回报，因此选择购买其他俱乐部知名度高的职业选手，甚至通过直接收购优秀战队的方式迅速充实自身。这种方式利弊兼备，一方面有利于电子竞技在国内的推广，改善我国电子竞技的发展环境；另一方面则扰乱了电子竞技市场，形成了利益至上的不良风气。

（三）职业电子竞技选手的训练方式

培养职业电子竞技选手最主要的方法就是进行科学的、高强度的密集训练。根据项目的不同，训练方式也会有所不同，主要包括驻训制和走训制两种。

1. 驻训制

驻训制指的是选手长期居住在训练基地进行训练的训练方式，也是目前最主流的俱乐部训练方式，因为电子竞技是一项需要高度集中和频繁交流的运动，如果存在地域差距则会导致交流沟通不及时，出现问题难以解决，所以驻训制是相对训练效率较高的训练方式。在这种模式下，训练基地会给选手提供专门的训练场所和生活场所，由领队负责选手的饮食起居、训练计划的制定、报名比赛等。驻训制对选手的训练时间和休息时间都有十分严格的安排和规定，某位电子竞技职业选手的训练日程见下表。

时间	事项
9：00	起床
9：00~10：00	洗漱，吃完早餐后抵达训练室
10：00~12：00	复盘，单排训练
12：00~12：30	午餐
12：30~13：30	午休
13：30~14：00	热身
14：00~17：30	训练赛
17：30~19：00	晚餐，体育锻炼，休息
19：00~23：00	训练赛
23：00~24：00	复盘
24：00~01：00	返回基地，洗漱，收手机
01：30 前	就寝

在一些训练基地中，选手们的训练甚至要持续到凌晨 2：00~3：00，在重要比赛前期，选手的训练时间往往还会延长，日程安排也更加紧张。通常情况下，选择驻训制训练方式的多是 RTS 类、MOBA 类等需要团队作战游戏项目的选手。

2. 走训制

走训制是相对驻训制而言的，指的是选手自由选择训练场所和训练时间的训练方式。部分 RTS 类的单人项目选手会选择走训制，他们通常在家中或在家附近的网吧进行训练，训练计划有的是自行制定的，有的是领队指派的。这类职业选手一般很少出现在训练基地，只有在需要参加比赛的时候才会来到赛场和俱乐部负责人以及其他选手会合。

无论是哪种训练方式，电子竞技职业选手的训练强度都是非常大的，每天的训练时间少的不低于 8 个小时，多的超过 15 个小时。和传统体育项目职业选手相比，电子竞技职业选手的训练看起来并不需要耗费太多的体力，但是他们需要长时间保持高度的注意力和坐立不动的姿势面对计算机屏幕，因此大部分职业选手都患有职业病，包括手伤、腕伤、肩伤、腰伤、背伤等。例如，皇族电子竞技俱乐部职业选手 Uzi 就曾于 2017 年因旧伤复发，右肩部和肘部肌肉劳损，压迫神经，无法继续进行高强度的训练和比赛，不得已休养一周。

第三节　我国电子竞技俱乐部发展剖析

电子竞技俱乐部是影响电子竞技事业发展的重要一环。当前，我国电子竞技俱乐部在电子竞技行业的发展背景下，呈现出了不断扩张的局面，但是因为自身发展水平有限、职业化程度低、从业人员素质低、政策扶持力度不够等内外因素，严重制约了电子竞技俱乐部的职业化和未来的发展。

一、制约我国电子竞技俱乐部发展的内部因素

当前，我国电子竞技俱乐部已经呈现出崛起之势，但是仍旧滞后于整个电子竞技行业的发展，发展速度也与电子竞技的扩张速度不相匹配。这是因为有几个内在原因制约着我国电子竞技俱乐部的发展：一是电子竞技俱乐部的运营机制不健全，几乎所有俱乐部都无法盈利，收支难以平衡，甚至在持续亏损，缺乏清晰有效的运营管理体系；二是电子竞技俱乐部整体的职业化程度偏低，选手的选拔体系不健全；三是选手退役后的职业生涯规划没有保障。

（一）运营机制不健全

我国很多电子竞技俱乐部是通过个人投资的方式组建起来的，导致俱乐部经理、老板权力过大，缺少科学的监督机制，因此，俱乐部的运营往往取决于经理、老板的个人喜好。同时，目前大多数俱乐部的管理人员都是电子竞技的圈内人士，虽然赛事经验丰富、技术水平高，但是缺乏管理运营方面的专业知识，所以对教练和队员也没有严格、完善、科学、规范的管理制度。基于这些原因，就造成了俱乐部运营机制不健全、管理混乱的问题，许多俱乐部因此经营不善、长期亏损，最后倒闭。

（二）职业化程度有限，选手选拔体系不健全

和世界上比较成熟的职业电子竞技俱乐部相比，我国职业电子竞技俱乐部在职业化程度和选手选拔体系上还有很多不足，现以电子竞技强国——韩国为例进行对比和分析。

在职业化程度方面，韩国大多数职业电子竞技俱乐部都由大型企业投资组建而成，俱乐部的所有人员都属于企业职员，采用大型企业的管理体系，享受和企业其他员工同样的福利待遇，比如三星战队。而我国的职业电子竞技俱乐部大多由个人投资组建而成，即使是处于国内领先水平的俱乐部也无法完全摆脱"家庭作坊式"的发展模式，导致职业化程度有限。

在选手选拔方面，韩国每年都会举行选秀大赛，有潜力的电子竞技选手能够通过这个平台脱颖而出，与职业电子竞技俱乐部签约，成为职业选手，得到俱乐部提供的完善的生活后勤保障和专业的训练指导。而我国电子竞技俱乐部主要通过业余比赛、路人局等方式挑选选手，被选中的玩家能否成为职业选手受到很多方面的影响，除了玩家的家庭情况外，有时候甚至取决于选手和领队的私人关系。选手进入俱乐部后，生活后勤保障和训练指导都与韩国有一定的差距。

（三）选手退役后的职业规划没有保障

电子竞技行业的一线从业者以 16 岁到 30 岁之间的年轻群体为主，尤其是电子竞技选手，小的十五、六岁，大的也不过二十五、六岁，文化程度有限，心智不成熟，职业素养和整体素质偏低，心理承受能力较差，一般电子竞技选手的职业生涯只有短短几年，当年龄到达二十五、六岁反应速度就开始变得缓慢，在这一点上与传统体育是大致相同的。

在这个年龄段的职业选手基本都在高中左右的年龄就接受选拔、出道，大部分选手都没有接受过高等教育，学历普遍不高，因此在退役以后，由于缺乏普通职场上的工作经验，如果不继续从事电子竞技行业的工作，在社会上很难找到合适且能胜任的工作。如果继续从事电子竞技行业的工作，转战幕后，则又需要具备相应岗位的职业素养，例如要做解说则需要普通话标准、语言组织流畅等，并不是人人都能具备这些条件，这对他们来说又是一次考验。

因此，职业选手退役以后的去向问题一直存在于电子竞技行业中，比赛是残酷的，退役以后的生计问题同样也是残酷的，那么能否让选手们退役以后重返校园接受教育，或是接受一定的职业培训以保证他们能够顺利地融入社会，找到自己适合的岗位则是俱乐部管理人员在之后的发展中需要去考量的，也是必须去面对的一个问题。

二、制约我国电子竞技俱乐部发展的外部因素

我国电子竞技俱乐部的发展不仅受其内部因素的制约，也被许多外部因素所影响。这些外部因素主要是政府对整个电子竞技行业的引导和扶持不够，社会大众缺乏对电子竞技运动的正确认知，以及电子竞技选手社会地位普遍不高等。

（一）政府的引导和扶持力度有待提高

目前，我国电子竞技行业正处在发展的高峰期，与之不相匹配的是国家对电子竞技类运动项目的政策扶持和资金投入都相对不足。

在赛事方面，我国目前知名度最高、影响力最大的电子竞技赛事是由美国拳头公司和腾讯公司联合举办的英雄联盟职业联赛（LPL），缺乏像传统体育运动项目那样由政府

举办的影响力大、水平高、持久开展的品牌赛事，比如被誉为"小世锦赛"的全国乒乓球锦标赛。近年来，虽然国家给予电子竞技相较于过去较高的关注度，但是总体而言，对我国电子竞技行业发展的推动作用依然有限。

在监管方面，我国电子竞技俱乐部受到国家体育总局、文化部门和民政部门等多个国家部门的监管，但没有形成一套清晰、统一的管理办法。例如，我国足球项目活动的开展都受到我国足球协会（俗称足协）的管理，并下设多个专项委员会，负责研究制定我国足球的发展规划，提出方针政策等。而电子竞技在这方面所能得到的国家层面的帮助仍需推进。国家对电子竞技行业的引导和扶持力度不够也是我国电子竞技俱乐部发展受限的外部原因之一。

（二）社会缺乏正确认识，选手的社会地位不高

电子竞技经过 20 多年的发展，已经成为一项较为成熟的体育运动项目。2003 年，美国移民局发表声明，正式认可英雄联盟职业选手的职业运动员身份，可以凭借该身份获得美国工作签证移民；韩国则将电子竞技与足球、围棋并称为韩国三大竞技体育。

我国也于 2003 年承认电子竞技是国家正式体育项目，并给予了电子竞技一定的政策扶持，对电子竞技运动进行了一些正面的报道和宣传，一定程度上使国内民众对电子竞技的认知和看法有所改观。但是就目前的总体情况来说，社会大众对电子竞技存在偏见的现象仍然比较普遍，导致电子竞技选手不仅难以得到广泛的认可，反而被不少人视为不学无术、不务正业的不良青年，社会地位不高，从而阻碍了电子竞技运动和电子竞技俱乐部的发展。

综上所述，电子竞技得不到官方的大力扶植，社会大众对电子竞技存在偏见，电子竞技选手社会地位低下，这一系列外在因素都制约着电子竞技俱乐部的发展。

三、我国电子竞技俱乐部未来发展对策

目前，我国电子竞技俱乐部因为内部和外部的各种原因，面临着整体发展环境有待改善、职业化程度不高、从业人员素质普遍低下等问题。据此分析，我国电子竞技俱乐部想要获得长足的良性发展，就必须做好针对未来发展的对策。

（一）政府提高重视程度，明确职业电子竞技俱乐部的监管

1. 明确职业电子竞技俱乐部联盟的合法地位

当前，我国唯一一个被绝大多数电子竞技爱好者和从业人员认可的行业组织是 ACE，由于 ACE 属于非官方的、民间自发联合建立的组织，缺乏官方的支持和监管，自身存在较多问题，因此虽然在电子竞技领域具有一定的知名度和影响力，但不能很好地发挥引导和规范作用。对此，政府部门可承认像 ACE 这样的机构的合法地位，甚至可给予其官方组织的身份，将管理国内俱乐部的部分权限交其管理，政府则担负起监管、引导的指责，推动电子竞技运动和电子竞技俱乐部的健康发展。

2. 明确上级监管部门

在我国，电子竞技俱乐部受到国家体育总局、民政部门和文化部门等多个上级政府部门的监管，导致出现电子竞技俱乐部的管理体系不清晰、管理混乱等局面。因此，政府部门要明确监督、管理职业电子竞技俱乐部的上级部门，使政府监管统一化、条理化、规范化，形成一套科学的管理体系，让职业电子竞技俱乐部在运营过程中有法可依，遇到问题时能够找到对应的管理部门帮助解决。

（二）提高品牌赛事的质量和数量

任何体育运动想要获得较大的知名度和影响力，必须拥有相应的高质量和一定数量的比赛做支撑，电子竞技也不例外。为了扩大这项新兴运动项目的知名度，政府部门可主持或支持举办各类电子竞技赛事，提高赛事质量，扩大赛事的知名度和影响力，从而促使更多人认可并参与到这项体育运动中来。

（三）正面宣传，消除误解

当前，主流媒体和官方媒体对电子竞技运动的报道，起到了一定的正面宣传的作用，但是力度还有待提高，现以2018年雅加达亚运会为例进行说明。

2018年，6个电子竞技项目入选雅加达亚运会表演赛项目，我国电子竞技国家队出征雅加达，CCTV-13、CCTV-5等官方电视媒体对出征队伍、战况等均进行了报道。但是，CCTV-5作为唯一拥有雅加达亚运会直播权和转播分配权的媒体，却没有对比赛进行直播，也没有授权其他平台转播，这可能会让广大电子竞技爱好者产生失望情绪。

雅加达亚运会电子竞技项目

解读上述例子，可以看出官方媒体和主流媒体对待电子竞技的态度仍然是比较谨慎的。想要改善电子竞技俱乐部的发展环境，就必须改善整个电子竞技行业的大环境，这就需要官方媒体和主流媒体全力支持，对各类电子竞技赛事、电子竞技运动的相关新闻进行正面报道和宣传，积极消除社会大众对电子竞技运动的误解，推动电子竞技俱乐部未来的发展。

（四）提高管理人员素质，改善经营模式

电子竞技俱乐部的发展依靠的不仅是官方和主流媒体的扶持，更重要的是要提高自身的职业化程度。这就需要俱乐部从两个方面抓起，一个是提高俱乐部管理人员的整体素质，一个是改善经营模式。

一方面，电子竞技俱乐部要加强对专业管理人才的培养和引进，不仅要提高管理人员的文化素养，还要重视管理人员的专业性，通过提高管理人员的整体素质来提高俱乐部的管理经营水平，改善俱乐部的内在环境；另一方面，俱乐部要建立起完善的管理制度，改善经营模式，增强俱乐部的自我造血能力，使俱乐部得到良性、健康的发展。

实现这个目标需要加大电子竞技相关人才的培养，完善我国电子竞技专业的教学体系，让更多的新兴人才投入到电子竞技行业。目前，电子竞技俱乐部急需专业的管理人员，来为各俱乐部带来科学、正确的引导。

（五）建立科学规范的人才选拔体系

由于电子竞技体育项目和职业电子竞技选手的更新速度过快，俱乐部必须做好职业人才的储备工作，为俱乐部的后续发展提供动力。当前，我国电子竞技俱乐部对人才的选拔存在方式和渠道过于单一、选拔体系不规范的问题。

因此，各俱乐部应当在电子竞技相关联盟的组织下，建立起一套规范、科学的人才选拔体系，并在政府的监管下，制定参加选拔赛的选手的资格标准以及认证方式。比如韩国的电子竞技选秀大赛、NBA 的选秀等，都是由俱乐部联盟协会主导举行的。成熟、完善的人才选拔体系，可以让俱乐部更加科学地进行人才储备，保证自身的良性发展。所以，尽快建立起科学、规范的人才选拔体系是非常有必要的，也是迫在眉睫的。

（六）制定合理的俱乐部管理制度及薪酬体系

在很多人眼中，电子竞技是梦想的职业，网上也经常爆出某位主播或者电子竞技选手年收入百万的消息，这让很多人认为电子竞技选手和主播是一群高收入群体。果真如此吗？其实不然。近来，很多行业内知名的电子竞技俱乐部公开进行招聘，向我们揭开了电子竞技职业选手工资的神秘面纱。在 EDG 电子竞技俱乐部的各职位薪资一览中，一名普通职业选手最低月工资在 2000 元左右，并没有传说中的百万年薪。

电子竞技概论

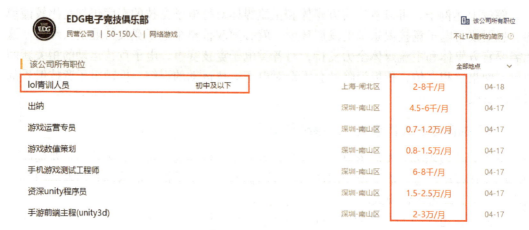

EDG 电子竞技俱乐部招聘青训人员薪资水平

不过，也有少数人位于金字塔的顶端，在英雄联盟 S4 全球总决赛之后，国内战队老板纷纷重金挖韩国职业选手，使得电子竞技选手身价暴涨。世界冠军选手 Mata 签约我国战队之后，收入可以支撑他在我国买豪车运回韩国，而国内职业选手除去少数大牌，多数人根本不会有这样的待遇，由此一来，职业选手待遇现状呈现两极分化现象，国内一线职业选手光月薪就在数万元左右，除此之外还有其他商业活动等额外收入，而二三线队以及青训选手的工资仅小几千元，且收入渠道单一。在经济收入无法满足队员需求的情况下，可能会滋生出假赛等恶劣行为，这对整个电子竞技行业的危害是巨大的。因此，想要解决这一问题，就需要制定更加合理的薪酬体系。著名赛事 NBA 的"薪资帽"或许可以成为很好的借鉴，按照俱乐部收益的 48% 或者更多制定选手薪资，如此一来，不仅能保证俱乐部的收益，更能维护选手利益，最终促进电子竞技行业的良性发展。

总之，制定促进我国电子竞技俱乐部未来发展的策略，要立足于制约俱乐部发展的内部因素和外部因素，致力于提高俱乐部的职业化水平、管理制度和整体素质；建立完善的行业规范；政府要加强对电子竞技的扶植力度，主流媒体要做好对电子竞技运动及俱乐部形象的正面推广。俱乐部、行业组织、政府部门和主流媒体要通力合作、协调发展，为我国的电子竞技事业和电子竞技俱乐部提供良好的发展环境。

拓展思考

1. 上网查阅资料并列举我国当前主要的职业电子竞技俱乐部，并尝试简述各俱乐部发展历程及参与的电子竞技项目。

2. 思考并回答如何让电子竞技俱乐部联盟发挥应有的价值。

3. 如果你是一个电子竞技俱乐部的高管，请从资金、人才设置与储备、管理结构等方面思考如何管理俱乐部的发展。

4. 查找资料，简述我国《DOTA2》职业选手新生力量匮乏的原因。

第五章 电子竞技泛娱乐产业
CHAPTER 5

能力目标

1. 了解网络直播、直播平台、网络主播的相关概念、现状及发展趋势。
2. 了解视频网站发展脉络以及未来发展趋势。
3. 掌握视频网站与电子竞技的相互关系。
4. 掌握自媒体的特点、发展方向以及与电子竞技的相互关系。

素养目标

树立正确的价值观，辩证地分析直播平台、视频网站以及自媒体与电竞竞技行业发展的关系，并论述如何更好地利用他们为电子竞技行业发展服务。

第一节 直播平台

泛娱乐是指基于互联网和移动互联网的多领域共生，打造明星IP的粉丝经济。传统的泛娱乐产业包括网络文学、网络动漫、网络影视、网络游戏，网络直播、短（小）视频、自媒体则属于新兴的泛娱乐产业。目前，蓬勃发展的新兴泛娱乐产业已经成为推广电子竞技、发展电子竞技网络经济的新推手，以及电子竞技行业未来发展的新支柱。

直播平台是网络直播赖以生存的媒介。随着近年来全民直播浪潮的兴起，各类网络直播平台和网络直播内容遍地开花。网络直播历经了从体育赛事、晚会、会议的直播到娱乐秀场和游戏直播，再到如今随时随地都可以观看的更加个性化、多元化的直播。技术的革新使通过手机APP进入直播平台的方式成为潮流，直播内容更是发生了翻天覆地的变化。

一、网络直播的定义、分类及发展历程

（一）定义

网络直播指的是通过互联网系统在同一时间、不同的交流平台观看视频的新兴的网络社交方式。因为这种社交方式具有内容丰富、交互性强、不受地域限制等特点，所以受众十分广泛，几乎覆盖了不同性别、不同年龄、不同地域、不同喜好和不同职业等的各类人群。

(二)网络直播的分类

1. 第一分类

目前的网络直播大致可以分为两类,一类是"网络电视",另一类是真正意义上的"网络直播"。前者指的是采集电视模拟信号,将其转换为数字信号后输入电脑,实时上传到网络供网民观看的直播类型,比如体育比赛直播、文艺演出直播等;后者指的是现场架设独立的信号采集设备,将音频和视频信号导入导播设备或平台,然后通过网络上传到服务器,发布网址供网民观看的直播类型,比如产品发布会直播、法庭庭审直播等。与前者相比,后者自主性更强、内容更丰富。

小米产品发布会直播现场画面

2. 第二分类

根据网络直播的内容,可以将网络直播划分为三种类型,分别是秀场直播、电子竞技游戏类直播、新闻及生活服务类直播。

(1)秀场直播 秀场直播的内容侧重于"人",包括个人才艺表演和真人秀表演等,是在"网红"经济的推动下迅速发展起来的,常见的有唱歌直播、聊天直播、舞蹈直播、乐器直播等。秀场直播能够在更大程度上让观众获得心理上的社交满足感,而且内容丰富、吸引力强,因此受众很广。但是总的来说,秀场直播的主播以女性为主,甚至有专门的"美女秀场"板块,受众则以男性居多。

(2)电子竞技游戏类直播 电子竞技游戏类直播指的是以电子竞技游戏的技法展示或解说为主要内容的直播类型,作为最原始的网络直播类别之一,已经发展得相当成熟了,比如《英雄联盟》《绝地求生》《穿越火线》《炉石传说》《魔兽争霸Ⅲ》等电子竞技游戏的直播。电子竞技游戏直播对主播的要求较高,需要主播对至少一款电子竞技游戏有深入的了解，因此一般由职业玩家、游戏高手等转型而来。电子竞技游戏类直播的受众面较窄，主要集中在年轻群体，但是稳定性较高。

（3）新闻及生活服务类直播　新闻及生活服务类直播是一种新兴的直播类型，内容非常广泛，涵盖新闻、美食、外语、财经、健身、外语、旅游等方面。虽然与秀场直播、电子竞技游戏类直播相比，新闻及生活服务类直播还处在探索发展阶段，但是这类直播十分贴近现实生活，具有很强的实用性，因此拥有广阔的发展空间。

企鹅电竞直播

（三）网络直播的发展历程

网络直播从起步到大爆发不过 10 年时间，却经历了多个阶段，包括起步期、发展期、爆发期等。从 2005 年到 2013 年，随着互联网的不断发展，网络直播市场开始崛起，一些 PC 秀场直播模式走进了大众视野，其中以 YY、六间房、9158 为代表。2014、2015 年，网络直播市场进入了全面发展时期，在电子竞技游戏直播出现之后，经过大量游戏玩家的推动，网络直播"一夜爆红"。2016 年，网络直播进入了爆发期，众多用户从计算机观看中脱离出来转而采用手机移动客户端直接观看直播。手机视频直播逐渐发展成了直播的新兴市场，并深受不同直播平台的青睐。因此，2016 年被称为"移动直播的元年"，至此网络直播市场进入了全民时代。当前常见的网络直播平台见下表。

平台名称	分类	支持
斗鱼直播	游戏直播为主	PC、手机
虎牙直播	游戏直播为主	PC、手机
YY 直播	秀场直播为主	PC、手机
快手直播	全民直播	手机
抖音直播	全民直播	手机
花椒直播	全民直播	PC、手机
企鹅电竞直播	游戏直播为主	PC、手机
火猫直播	游戏直播为主	PC、手机
触手直播	游戏直播为主	PC、手机

二、直播平台变现方式

根据艾瑞咨询在 2017 年、2018 年发布的相关调研报告，当前直播平台变现方式主要有以下三种。

1. 情感付费

直播平台签约具有巨大流量的主播进行直播。用户出于对主播的喜爱，通过办卡、打赏、送礼等形式进行付费。

2. 营销付费

1）展示类营销，如 APP 开屏广告、热门推荐、直播间推荐等。
2）原生类营销，如定制内容合作、内容植入（口播、场景、道具）、定制互动道（红包、礼物）、AR 特效互动营销等。
3）服务类营销，如定制活动合作、品牌活动直播服务、明星或网红站台等。
4）电商导购，如商品或相关活动直播展示、商家入驻等。

3. 内容付费

通过直播内容的高价值进行变现，主要形式为付费观看和付费订阅。

三、网络直播的传播特点

网络直播虽然诞生不久，但是作为时下最流行的泛娱乐活动之一，已经形成了属于自己的两大传播特点。

（一）实时互动性

凭借直播平台，网络主播可以实时向观众展示自己所处的真实场景，观众受到直播画面中特定氛围、特定场景的影响，会产生身临其境的感觉，并借助直播平台的弹幕、打赏等功能实时发表自己的感想，或表达自己对主播的欣赏之情，主播则可以通过弹幕内容了解观众的想法并及时给予反馈，让双方的沟通更加有效。

伴随着互联网和智能科技的发展，以及 AR、VR 等技术的渐趋普及，直播中的交流互动体验将会得到进一步提升，使受众获得更强的参与感和沉浸感。

AR 技术

（二）全民性

随着网络直播的推广和普及，我国已经进入了"全民直播"时代，人人都有机会成为主播。这是因为直播软件操作简单、极易上手，只要在直播平台注册账号并通过相关认证，就能开通直播房间进行直播。网络直播传播的"全民性"促进了直播内容的多元化和个性化，能够满足更多受众的不同需求，反过来推动网络直播行业的发展。

综上所述，网络直播具备的实时互动性和全民性两大传播特点对电子竞技行业发展的推动作用是不可小觑的。电子竞技游戏直播作为网络直播最原始和最重要的类别之一，将会在网络直播迅速发展的大趋势下发展得更加成熟，使电子竞技依托网络直播平台得到更广泛的宣传，扩大电子竞技运动和赛事的受众和影响力。需要指出的是电子竞技游戏主播应该致力于普及电子竞技和电子游戏的区别，宣传电子竞技的正面形象，改变电子竞技所处的社会环境，最终推动整个电子竞技行业的发展。

四、直播平台的多元化发展

网络直播是一种含有表演性质，通过互联网进行的现场直播和互动直播，是用户进行社交、获取信息、满足需求和互动娱乐的重要途径。未来，直播平台的发展方向不仅会涵盖当前的内容，还会朝着更加多元化的方向发展。以下主要从直播内容和社交性进行分析、阐述。

（一）不同直播内容的发展方向

1. 教育类

当前，大部分线上培训讲座采用的都是语音直播，比如欢聚时代旗下主要针对初高中生进行一对一教学的"100教育"，这种语音直播方式将朝着视频直播的方向发展。现在，一些官方微信已经推出了直播功能，并积极发展线上课程，建立学习社区。可以预计的是，在未来，将会出现许多线上教育平台推出教育类直播。

2. 购物类

受众对直播功能的需求已经表现出多元化、复合性特征，因此，很多平台的直播功能都从单纯的卖家秀发展成为"网红"推荐，之后又经历了社区商品推荐的演变，比如聚美优品、唯品会、淘宝等。这些以购物平台为依托的直播平台将直播和购物相结合，受众可以一边观看直播一边购物，这是以秀场直播为主的直播平台无法做到的。

3. 兴趣技能类

通常情况下，人们更喜欢观看和自身生活、个人兴趣相关的直播内容。针对这一情况，今后的直播内容必定会为了满足用户的特定需求划分得更加细致，并将吸引更多专业人才的加入，比如当前流行的旅游直播、美食直播、彩妆直播等。在各类直播受众中，年轻群体更热衷于从新媒体上获取信息，这一群体和电子竞技爱好者有着广泛的交集，因此，电子竞技直播也将成为重要的直播种类。

4. 其他细分类

未来直播领域将会划分得更加细致，垂直领域的直播也会越来越多，比如当前已经出现的主打财经内容的疯牛直播。

（二）更加专注于社交性

当前的直播平台虽然可以借助弹幕和评论进行实时互动，但是这种方式不能实现社交关系的扩散和沉淀。由于社交是用户使用直播平台的重要原因之一，因此在未来，直播平台会更加专注于自身的社交性，很可能推出主播粉丝社群、主播专题页面以及时间流的信息沉淀、视频直播和短视频的结合等的社交手段。这些手段一方面可以增加非直播时段的用户黏性，加深用户和用户之间的社交关系；另一方面可以使没有看到直播的用户在社群中观看主播的主页和信息，了解直播内容。

五、网络主播的发展现状

当前的网络主播以"90后""00后"为主，从传统的专业角度来看，因为艺术类专业更符合主播的职业要求，所以这类专业的网络主播占比最多，达38.7%，主要为独立演员歌手、流浪艺人、自由美术工作者、自由摄影师等；其次是管理学专业主播，再次是经济学专业主播，占比最少的是文学、工学和教育学专业主播。

从地域分布来看，来自县、乡、村的网络主播数量高于来自城市的网络主播数量，而且农村地区占比最高。因此，网络直播为出身"草根"的年轻群体提供了较好的上升通道。

从主播收入来看，游戏主播的收入当属最多，从业人数最多。从总体来说，当下的直播行业存在十分严重的两极分化问题，大约90%的网络直播收入都集中在10%的网络主播身上。在优胜劣汰的激烈竞争下，网络主播必须不断增强个人魅力，才能获得持续、稳定的收入。目前，网络主播的收入来源主要有三种：

（1）时薪。时薪的多少主要由主播人气决定，而且会因平台而异、因人而异。比如，一名主播一个小时的人气达到一万以上，就会有上百元到上千元不等的收入，而在人气相同的情况下，不同平台和不同主播的时薪也会有一定的差距。时薪是主播最基础的收入，和主播的人气直接相关，人气越高，收入越高。

（2）打赏。粉丝在直播平台上购买"火箭""鱼丸"等虚拟礼物赠送给主播，当这些虚拟礼物达到一定的数量后，直播平台就会按照合约给主播分成。这种收入来源更看重主播的个人魅力，而不是人气。

（3）衍生副业。很多知名网络主播在拥有了一定的粉丝量后，都会借助直播销售物品或投放广告，以此获取收入，这种收入形式类似于电商。比如，电子竞技游戏主播在没有比赛和训练的时候，就会在直播中销售鼠标、键盘等游戏配件增加收入。

六、网络直播的现状分析

2005年，我国第一家视频直播网站开办，随着互联网技术的发展和网民个体意识和自我表达需求的不断提高，目前已经发展到200多家。从《艾媒报告|2019Q1中国在线

第五章　电子竞技泛娱乐产业

直播行业研究报告》可以得出，2019 年第一季度，游戏内容类直播平台的用户趋于年轻化，且超七成用户是男性；近七成的直播用户在近半年内仍使用同一直播平台，这也表明内容及主播是平台留存用户的关键；秀场及游戏直播内容更受用户欢迎；同时，超五成用户认为未来应该大力发展"直播＋综艺"。

在技术升级的推动下，在线直播行业发展将继续加速，2018 年用户规模已达 4.56 亿人，较 2017 年增长 14.57%，预计 2019 年突破 5 亿人。

2019 年在线直播持续迎来行业洗牌潮，熊猫直播倒闭，斗鱼于 7 月 17 日在美国纳斯达克上市，斗鱼上市意味着直播平台第一梯队里的公司已经全部完成上市。在熊猫直播离场后，游戏直播领域头部平台虎牙直播、斗鱼直播的位置更加稳固，未来双雄竞争态势明显。娱乐直播领域的花椒直播将继续稳居行业领先位置。

斗鱼上市

七、网络直播存在的问题

在互联网技术的推动下，网络直播迅速占据了公众焦点，许多主播通过各种表演秀、才艺秀、游戏直播吸引观众，迅速走红。网络直播催生的这种走红方式给"草根"主播、平民"网红"带来了很多机遇，同时也催生出了许多问题。

（一）运营成本高

网络直播平台的运营成本主要包括宽带投入、人力成本、设备成本、内容成本等，其中宽带投入最多，因为宽带决定着直播平台的画质和网速，而画质和网速会对用户的观看体验产生直接影响。用户是网络直播平台生存的基础，几乎所有直播平台的运营都以扩大用户基数为首要目的，但是用户基数越大，网络直播平台的宽带投入就越高，从而导致网络直播平台的运营成本居高不下。以虎牙直播为例，其每个月的宽带支出高达千万级别。

网络直播平台的收入主要包括广告、用户打赏、与游戏公司和外设厂商合作等，大部分网络直播平台的收入都不能完全抵消高昂的运营成本，直接导致了网络直播平台的经营困境。目前，网络直播平台主要依靠融资支撑。因此，网络直播平台想要获得持续的发展，必须在商业模式上进行创新。

（二）恶性竞争

网络直播的恶性竞争主要有挖人、数据造假两种方式。

每个成功的直播平台背后都有主播的千万级粉丝在支撑。因此，想要打压其他直播平台最快的方法就是"挖人"。这种方式可以让竞争对手的大量用户在短时间内转移到自身平台，给竞争对手造成严重冲击。在网络直播行业，平台之间互相"挖人"属于常见操作，并且引发了一系列不良后果：一方面，"挖人"行为导致当红网络主播的身价水涨船高，大大增加了直播平台的运营成本和运营难度；另一方面，一些主播为了利益不惜毁约跳槽，为了吸引粉丝无所不用其极，导致网络直播行业乱象丛生，败坏社会风气。

除了"挖人"，数据造假也是常见的恶性竞争方式。数据造假分为两种，一种是主播通过网络购物平台购买粉丝数和观看人数，一种是直播平台通过后台操作修改房间在线人数。数据造假的意义在于观众都有从众心理，粉丝越多就越容易吸引新粉丝，房间在线人数越多就越容易吸引新的观众。数据造假是导致主播身价虚高的重要原因之一，会扰乱网络直播行业，使平台和主播失去用户与投资者的信任，是一种饮鸩止渴的行为。

（三）内容单一，同质化严重

网络直播虽然在近几年发展得十分繁荣，但是前景并不乐观，主要原因之一就是直播内容单一，同质化严重。目前的网络直播行业约有80%的流量都是"网红"主播带来的，这些"网红"主播又以"美女主播"为主，直播内容大多是唱歌、跳舞等才艺表演，或者聊天、讲段子、卖萌、吃饭等没有实际意义的内容，容易让观众产生审美疲劳，导致直播平台缺乏持续的生命力。

内容单一、同质化严重的现象是网络直播平台追求短期效应、缺乏创新能力的体现。直播平台无法在内容上从众多平台中脱颖而出，于是只能把自身的生存和发展寄托在网络主播及其粉丝身上，这是导致网络直播行业恶性竞争频发的重要原因之一。

（四）监管不力，内容参差不齐

目前，网络直播平台缺乏有效的监管，加之直播门槛很低，就导致直播内容参差不齐，大量低俗内容充斥其中。网络直播的低俗化、泛娱乐化等特点会对社会风气，尤其是未成年受众造成严重的不良影响，已经引起了中央网络安全和信息化委员会、文化部等政府部门的高度重视，并出台了实名认证、分类分级、信用黑名单等一系列措施。

上述网络直播存在的问题在直播行业中具有普遍性，电子竞技游戏直播虽然有其自身的特殊性，但也不能完全避免，身价虚高、内容同质化等问题在电子竞技游戏直播领域同样存在，一些电子竞技游戏主播还打起了赌博的"擦边球"。此外，电子竞技游戏主播被"挖"走的事件也时有发生，比如斗鱼TV就曾先后"挖"走张大仙、嗨氏等人气电子竞技游戏主播。

因此，进一步加强监管、审核内容，弘扬社会主义核心价值观、传播正能量，需要政府对网络直播进行更多干预，也需要各大网络平台加强监督和管理，切实杜绝丑恶现象的出现。

八、网络直播行业的未来之势

网络直播在受到全民关注和追捧后发展迅猛，但是大部分直播平台走的都是泛娱乐化道路，借助明星、网红的影响力和号召力来吸引受众，利用粉丝经济获取利润，往往直接导致直播内容良莠不齐、优质内容匮乏、同质化严重等问题，随之而来的将是受众热情冷却、投入资本减少。为了改变这一困境，各大网络直播平台都在积极探索新的运营模式。未来，网络直播行业将会呈现以下几种发展趋势。

（一）制度规范化

任何行业想要获得持续、健康的发展，规范的制度是必不可少的，网络直播也不例外。近年来，网络直播呈现爆发式增长，随之而来的是恶性竞争、数据造假、内容低俗化等行业乱象丛生，急需相关政策进行约束和引导。

针对这一情况，政府对网络直播的监管力度正在加强，陆续出台了《文化部关于加强网络表演管理工作的通知》《关于加强网络视听节目直播服务管理有关问题的通知》等政策文件，对网络直播行业进行整顿和规范。但是，就目前来看，政府相关部门对网络直播行业的监管力度仍然不足，责任主体不明确、执行力度弱等问题仍然存在。未来，为了引导网络直播行业健康发展，维护社会的和谐与稳定，相关政府部门会继续探索，制定出更加明确的法律法规，强化执法力度，改善监管方式，最终使网络直播行业趋于规范化，实现理性发展。

2016~2018 年我国网络平台相关政策和监管

（二）内容特色化和优质化

当前的网络直播以泛娱乐为主要内容，不仅可以满足用户视觉层面的需求，还可以满足用户的猎奇心理、窥私欲等心理需要，总体上属于"眼球经济"或"网红经济"。但是，无论是颜值型"网红"还是话题型"网红"，都是快消品，无法维持长久的生命力，一旦用户产生审美疲劳，就会走上发展的下坡路。这个趋势在目前已经有所显现，比如大众对"网红脸"的不屑甚至是嘲讽。

对任何行业来说，拥有持续生命力的关键还在于差异化的特色内容。因此，网络直播必将朝着多元化的方向发展，并且更加强调直播内容的内在质量，特色化、优质化内容将成为未来直播平台的核心竞争力。

（三）提高用户参与度

用户是网络直播行业的根本生命力，其追求的是更高的自由度和更多的选择权。网络直播的优势在于实时性、互动性和真实感，因为主播和用户是同时在线的，且用户可以在直播过程中随时发表自己的看法和见解，并可能得到主播的反馈，这是网络直播受众广泛、发展迅速的重要原因之一。直播平台想要保持自身的生命力，势必在现有基础上不断提升用户的参与度，增强用户的黏性，从而提高自身的竞争能力，促进自身进一步发展。

（四）传播模式场景化

场景化直播可以给观众构建一个充满真实感的场景空间。网络直播平台通过构造各种虚拟时空，不仅可以给观众身临其境的体验，也可以给主播带来沉浸感，从而使观众和主播都能更好地融入直播当中，增强直播黏性。随着互联网技术、智能技术的发展，多种高精尖技术，如VR、AR技术等已经被逐渐应用到视频领域，不管是观看电影、游戏比赛、音乐会，还是直播会议、展览等，观众都可以借助AR或VR技术获得沉浸式的感官体验和互动方式，促进网络直播行业实现更深层次的发展升级。

第二节　视频网站

随着互联网的发展，点击视频、观看视频、发表视频已经成了很多网民的习惯，可以说，我国早已步入了"视频时代"。依托于视频网站，各种各样的视频内容走进了人们的视野。本节将从视频网站的角度来探寻和分析视频网站的发展史、视频网站的进化脉络以及视频网站未来发展的亮点，阐述视频网站在电子竞技领域的战略布局。

一、视频网站发展史

视频网站是指在完善的技术平台的支持下，让互联网用户在线流畅发布、浏览和分享视频作品的网络媒体。从2004年我国第一家专业视频网站诞生至今，我国视频网站已经发展了十多年，经历了从无到有、从小到大、从弱到强的过程。纵观我国视频网站的发展历程，可以大致将其划分为四个阶段，分别是起源期、高速发展期、格局初显期和成熟发展期。

（一）起源期

早在2004年之前，互联网上就已经出现了视频类服务，但那时候还没有诞生专门的视频网站。2004年11月，中国的视频网站随着乐视网的成立拉开了成长的序幕。到2005年上半年，我国相继出现了PPTV、PPS、56网、激动网、土豆网等视频网站，这些网站是我国视频网站发展初期的主要成员。

2004年，随着P2P流媒体技术的发展，原本被封杀的电子竞技类节目在互联网上获得重生。PPLive（后更名为PPTV）和PPS这两家视频公司，为电子竞技触网找到了新的模式。至此，电子竞技爱好者可以通过互联网视频看到中国乃至世界级的电子竞技比赛。

（二）高速发展期

2006年10月，谷歌花费16.5亿美元的天价收购了Youtube，这一重大事件让视频网站蕴藏的巨大商机浮出了水面，随之而来的是视频网站的爆发式增长，数百家不同模式的视频网站在短时间内集中涌现，其中就包括后来为人们所熟知的优酷、酷6、爆米花、暴风影音等。与此同时，搜狐、新浪、网易等门户网站也开始提供视频服务。

随着流媒体技术的兴起，以及视频产品的更新换代，电子竞技也随之脱胎换骨。优酷、土豆、56模式的视频2.0让用户之间可以随意互动，电子竞技直播水准变得更为精良。最为重要的一点是，因为接触门槛比较低，电子竞技用户开始出现了较大规模的跨越。

（三）格局初显期

2009年，中国网络电视台（CNTV）上线，以此为开端，各传媒集团纷纷成立网络电视台。到2010年，我国网络视频行业已经基本形成门户网站、商业视频网站和国有媒体网络电视台三足鼎立的格局。

电子竞技源于游戏，但已经超越了游戏。电子竞技作为新兴的竞技项目，同样也遵循竞技体育的共同发展规律。百年体育竞技，早已说明竞技离不开媒体，尤其是在电视媒体的推动下。CNTV和电子竞技的结合就是一个很好的例子，CNTV游戏台是玩家获取游戏资讯、互动交流的一个平台。CNTV游戏台是立足于游戏产业的新媒体传播平台，借助CNTV的高端品牌优势，以视频为突出特色，并结合玩家需求，开发出了多种互动产品。

（四）成熟发展期

历经了多年的探索、发展和洗牌，视频网站的行业格局更加成熟，发展模式更加多元。随后兴起的上市潮和并购潮加深、加快了网络视频的发展，使行业整体呈现良性发展的态势。上市融资意味着视频网站可以获得更多发展资金，同时重新划分互联网的营利模式。在这个阶段，一些视频网站凭借自身独特的运营模式和强大的资源成功上市，如乐视、优酷、哔哩哔哩。

2010年，乐视网在国内创业板（第二股票交易市场）挂牌上市，2016年，乐视瞄准了电子竞技产业这块肥肉。在阿里、腾讯、甚至是苏宁都进入电子竞技产业之后，乐视体育也发布了自己的电子竞技战略。进军电子竞技行业，乐视体育所做的第一件事情就是冠名赞助WCA（世界电子竞技大赛）。作为国内视频网站开端的乐视企业后期由于经营不善，2018年末已经濒临倒闭。

2010年，优酷上市。掌握着大把美金的优酷在内容方面的投入也到了一个井喷时期，电子竞技也借此机会得以发展。很多《魔兽争霸》《DOTA》等游戏的退役选手和解说员，开始在优酷上开通自己的频道。

2018年，哔哩哔哩（以下简称B站）在美国上市。B站是国内最大的二次元视频网站，号称聚集了全国80%的二次元少年。它作为一个生机勃勃的二次元亚文化社区，吸引了非常多90后、00后的注意。与之有关的电子竞技游戏文化也在这个平台中有所发展，许多与游戏相关的视频发布在此，吸引了非常多电子竞技玩家的目光。

2019年7月，斗鱼成功在美国上市，直播平台经历了几轮的烧钱大战后，成功进行了洗牌，其他平台们相继被收购或倒闭，最终只剩虎牙与斗鱼的内容、流量获取能力经受住了市场考验，实现了盈利。

二、我国视频网站的进化脉络

我国视频网站从2004年至今，经历了十余年的发展，在模式、渠道、业务、内容、版权等多个方面进行了多样化的探索和尝试，推动了视频网站群体的成长和发展。对视频网站的探索过程进行分析，可以看到一条完整的视频网站进化脉络。

（一）模式进化：细分多元发展

我国视频网站模式的发展是从模仿借鉴开始，逐渐发展到差异化定位的局面的。国内最初诞生的视频网站中，除了乐视网从成立之初就坚持购买版权，走以播放、分销正版影视内容为主的发展道路以外，其余网站都借鉴了美国Youtube的UGC（用户生产内容）模式。

当前的视频网站市场主要分为门户网站、商业视频网站、国有媒体网站电视台三大阵营。门户网站和国有媒体网络电视台的发展模式相对统一，商业视频网站却表现出了模式多元化的发展特点，这些模式主要包括：

（二）采取"UGC+长视频版权购买"模式

走综合型视频网站发展道路的视频网站，如优酷网、土豆网、腾讯视频、爱奇艺等。2015年11月19日，万家文化发布公告称，公司旗下万好万家电子竞技公司与合一信息技术（北京）有限公司（美股上市公司优酷土豆在境内的业务运营实体）签订战略合作协议，双方就共同打造电子竞技与游戏文化IP（知识产权产品），围绕共同打造的IP开展经济业务、电子商务业务以及竞技类移动游戏发行业务等达成战略合作伙伴关系。

（三）主打正版影视剧长视频内容的长视频网站

以爱奇艺为例，爱奇艺作为国内领军的视频平台之一，始终坚持不断创新，不断扩展优质资源与内容广度。游戏直播作为备受年轻人喜欢的流媒体形式，也成为爱奇艺战略布局的重要部分。爱奇艺在2017年初上线了游戏直播平台，不到一年的发展，月独立用户增长率达9167%。之后，曾获EWG女子电子竞技运动会《王者荣耀》季军的RS-Girls女子战队正式宣布签约入驻爱奇艺游戏直播平台。

(四)客户端型 P2P 网络电视

客户端型 P2P 网络电视,如 PPTV、PPS。PPTV,即聚力传媒作为行业内长期聚焦游戏电子竞技产业的企业之一,早在十多年前,旗下的 PPlive 早已涉足电子竞技产业,对专业电子竞技赛事进行直播。2011 年,聚力传媒拿下了最热门电子竞技赛事 WCG 的独播权,成为当之无愧的电子竞技赛事内容核心直播媒体。

除上述视频网站之外,还有垂直细分型视频网站,如六间房、酷米网等,以及视频搜索和下载类网站,如迅雷、类搜等。

(五)版权进化:正版成为主流

无论哪个行业,追求正版都是大势所趋,依靠盗版生存不仅触犯法律法规,而且无法长久维持。我国视频网站历经了十余年的探索和发展后,正版视频内容已经渐渐成为网站群体的发展主流。

我国视频网站从 2008 年开始加强内容正版化建设进程,具体措施主要涵盖两大方面。一方面,各大视频网站提高了对正版视频内容的购买力度,并推出高清正版视频频道,比如土豆网推出的高清正版视频专区"黑豆",酷 6 网推出的"酷 6 剧场"等;另一方面,各大视频网站开始删除非法和盗版视频内容,比如酷 6 网、优酷网、土豆网等,与此同时,国家版权局将新浪、百度、土豆、迅雷等网站列入监管名单,要求这些网站广泛开展自查自纠行动。这一系列措施让"版权购买"一举成为整个网站视频市场的主流。

在体育领域,版权处于金字塔塔尖,更是吸金利器。以往电子竞技赛事版权并不受重视,赛事运营公司为了进行宣传和推广,愿意分享版权。现如今,随着电子竞技市场的火爆发展,版权陡然走俏,一系列相关措施的出台能有效保证电子竞技产业的良性发展。

(六)内容进化:自制力量成长

自制内容的兴起是网络视频行业的发展大趋势,这主要是因为:各视频网站争相购买优质视频版权,导致版权费用水涨船高,给视频网站带来了很大的成本负担;视频网站急需更为强大和持久的盈利模式,而发展音视频行业的上游产业链有助于视频网站发展出独特的盈利模式;视频网站内容同质化问题日益严重,不可避免要走上差异化发展道路;每个视频网站都需要塑造品牌形象、增强客户黏性,因此会积极尝试可能实现这些目的的各种方法。基于以上原因,各大视频网站纷纷开始尝试视频内容自制。

众所周知,斗鱼在电子竞技赛事播放领域拥有统治级的领先优势,主要体现在强大的自制赛事能力上。斗鱼已经举办了四季黄金大奖赛,为斗鱼吸引并聚集了更多的用户,并通过"轻重电子竞技融合""游戏+娱乐"等多种方式,力推全民电子竞技,降低了玩家和观众参与电子竞技视频播放的门槛。

(七)渠道进化:多屏互动兴起

多屏互动指的是在不同的多媒体终端,如在 PC、手机、Pad、TV 等设备之间进行多媒体内容的传输、解析、展示和控制等一系列操作,可以在不同平台设备上同时共享展示内容。也就是说,这是一种可以让图片、音频、视频等多媒体内容通过专门的连接设备,在不同设备的屏幕之间互相连接、转换的技术。

自 2004 年国内第一家视频网站诞生以来，PC 端在很长一段时间内都是各大视频网站的主要渠道和战场。但是，随着互联网技术的持续发展和智能终端的快速普及，智能电视、平板电脑、智能手机逐渐代替 PC 端，成为越来越多网民观看视频内容的新选择。在这个大趋势下，各大视频网站为了实现全生态、全覆盖、全平台的发展战略目的，开始向主流终端进军，迈出了"多屏"格局的第一步。

电子竞技作为当前游戏发展的重要项目，早已经在 PC、移动设备中得到快速发展。欢众科技携手阿里、大麦、海信、爱游戏、酷开、ATET、沙发、TCL、微鲸、创维等各大渠道联合首发《枪火前线》TV 版，面对早已经在 PC 端、移动端，甚至是传统主机上根深蒂固的竞技游戏，欢众科技独树一帜的方式让欢众科技在自主研发、电视游戏引擎、多屏互动技术等领域开拓了全新的视野。

《枪火前线》TV 版

三、我国视频网站的未来亮点

视频网站从发展之初便展现出了与众不同的特点，纵观视频网站的发展历程，可以清楚地感受到这个行业给受众带来了许多奇迹和惊喜。如今，面向未来、整合并购、自制内容、多屏发展、网台联动已经成为视频网站领域的热门词汇。在未来，视频网站将会和智能科技的发展进一步融合，形成"大数据""微视频""跨界"三大亮点，并且电子竞技和视频网站的结合也将迸发出不一样的火花。

（一）大数据

大数据又叫"巨量数据集合"，是指无法在一定时间范围内用常规软件工具进行捕捉、管理和处理的数据集合，是需要新处理模式才能具有更强的决策力、洞察发现力和流程优化能力的海量、高增长率和多样化的信息资产。大数据概念于 2012 年开始盛行，至今已经深入人心。

事实上，视频网站从大数据走进大众视野之初就开始了对大数据的关注和应用。对视频网站而言，大数据的好处是显而易见的，通过大数据，视频网站不仅可以更充分地

第五章 电子竞技泛娱乐产业

了解用户,并根据用户的喜好更好地进行个性化定制,还可以让视频网站实现更加精准的广告投放,优化广告效果。

立足于将电子竞技比赛数据化的法国初创型公司 Pandascore,希望电子竞技比赛转播可以达到 NBA 的那种效果,也就是在观看电子竞技网络视频直播时,屏幕上能够实时更新各种比赛数据,即便错过直播,也可以在互联网上查看到所有的数据。Pandascore 还能利用 Twitch 或 YouTube 的电子竞技直播实时整理数据,具体来讲就是对比赛视频画面进行截图,接下来分析画面上的信息,如在《英雄联盟》比赛中,软件会用算法对所截图画面自动分析角落里的小地图,记录两队比分、每个人的得分次数以及其他相关信息,如此一来,有效节省了人工手动记录数据的时间。

(二)微视频

早在 2011 年之前,伴随着移动互联网的技术发展和进步,视频网站就已经把发展目光对准了微视频领域。自 2016 年开始,迅速崛起的短视频正在引领游戏传媒传播的新时尚,在传播表达上更加互动、原生、声画结合的短视频,在推广游戏方面有着更大的优势。在 2018 年季前赛来临前夕,《英雄联盟》赛事媒体选择了以创作短视频进行大规模宣传,全国超半数的 PUGC(专业用户生产内容)都参与其中,共计 12 个顶级 PUGC 进行创意"表演"。PUGC 从情感、搞笑、说理、赛事等多个维度,围绕《英雄联盟》的重大改版,发挥脑洞创意,进行高能表演,让用户置身于广告之中,甘愿转发和点赞。视频不仅纷纷登上各大视频网站的热门榜,而且传播半径不断扩大,由此也充分印证了短视频原生广告与场景深度结合所散发的魅力。

(三)跨界

"跨界"这个概念由来已久,并且流行于各行各业。进入互联网时代以来,特别是移动互联网的普及,让人们有了更多的信息链接,使行业之间的跨界更加繁荣。跨界可以放大资源价值,原本独立的主体通过不断的融合与渗透,甚至可以创造出新型、强势的经济元素,产生强强联合的品牌协同效应,最终实现双赢。目前,跨界已经渗透到各个行业的应用当中,视频网站也不例外。

2018 年 3 月 19 日,西瓜视频正式宣布与 EDG 电子竞技俱乐部英雄联盟分部和 eStarPro 战队达成深度合作关系,此次跨界,将短视频领域与电子竞技领域紧密结合,为未来西瓜视频跨领域深度合作奠定基础,并将助力游戏营销从线下延伸至线上。

随着互联网、大数据、信息流的普及,以及视频网站自身实力的不断提升,网络视频行业的跨界发展已经成为一种趋势。可以说,只要有市场需求和利润,视频网站就不会缺少跨界的机遇和动力。

四、视频网站进军电子竞技

作为互联网的弄潮儿之一,网络视频行业自然不会对发展势头强劲的电子竞技产业视而不见。事实上,各大视频网站早在几年前就开始进军电子竞技领域。下面将以腾讯网、爱奇艺等知名视频网站为例进行说明。

（一）腾讯电竞

腾讯公司早在2011年就建立了腾讯游戏竞技平台（简称TGA），开始布局电子竞技产业。2016年，腾讯公司成立腾讯电竞，致力于从电子竞技赛事、电子竞技人才培养、电子竞技生态构建、用户价值体现、商业价值挖掘等多个层面推动我国电子竞技产业的整体发展，是目前我国最具竞争力的电子竞技品牌之一。

目前，腾讯旗下举办了电子竞技赛事的游戏已经超过50款，涵盖了MOBA、FPS、ACT、体育类、竞速类、棋牌类多种电子竞技游戏，并逐渐构建起了全面覆盖PC端和移动端的电子竞技业务。在腾讯电子竞技的布局中，还包含了一套完整的电子竞技明星计划，包括组建电子竞技粉丝俱乐部、打造电子竞技名人堂等内容。

在各项举措的推动下，腾讯电竞在电子竞技领域取得了优异的成绩：2017年，KPL全年观赛人数超过100亿；2018年上半年，LPL赛区职业比赛的直播观赛人数突破70亿，观看时长超过13亿小时；已经发展了8年的TGA将全面覆盖MOBA、FPS、ACT、战术竞技等多种电子竞技游戏品类，直播时长覆盖184个比赛日，赛事总奖金高达1800万元。

2018年，UP2018腾讯新文创生态大会在北京举行，腾讯电竞在大会上宣布2018年为中国电子竞技黄金五年的"深度布局年"，将以"体育化"为核心思路，发布"体系化升级""城市化布局"及"规范化运营"三大策略及具体措施。

UP2018腾讯新文创生态大会

（二）爱奇艺游戏频道

爱奇艺游戏频道成立于2013年，上线仅半年视频日均播放量就超过了3000万。如今，爱奇艺游戏频道日均播放量突破一亿五千万次，日均访问人数近2000万。

游戏直播是爱奇艺进军电子竞技的重要方面。2017年初，爱奇艺游戏直播平台上线，月独立用户在不到一年的时间里就从12万人增加到1100多万人；8月，爱奇艺游戏频道和《我的世界》中国版官方联合举办"我的世界主播夏日疯狂跑酷大赛"，并通过爱奇艺游戏直播平台进行分视角直播。与此同时，爱奇艺游戏频道还邀请EWG（女子电子竞技运动会）《王者荣耀》项目的季军RSGirls女子战队、新兴电子竞技战队King of PUBG等入驻平台。

第五章 电子竞技泛娱乐产业

爱奇艺游戏频道

2017年,电子竞技游戏主题电影《我是中国DOTA的希望》由爱奇艺独家播出,既是对视频内容的一种拓展,也是其电子竞技产业布局的一环。未来,爱奇艺除了为电子竞技爱好者提供丰富、精彩的游戏视频内容以外,还会涉足电子竞技赛事领域。

除了腾讯、爱奇艺以外,其他视频网站也十分看好电子竞技产业。比如,优酷、土豆早在2015年就与万家电竞公司达成战略合作,共同打造电子竞技与游戏文化IP;2018年,优酷又邀请知名电子竞技主播陈一发加入优酷世界杯解说阵容。可以想象的是,随着电子竞技行业和网络视频行业的持续发展,二者之间的强强联合将碰撞出更加耀眼的火花。

第三节 自 媒 体

在自媒体时代，各种信息、各种声音从四面八方蜂拥而来。主流媒体不再是引导舆论的唯一途径，人们可以在庞大的信息流中获得各种资讯，从而对事物做出判断。本节通过介绍我国自媒体的运营现状，描述我国视频网站的未来亮点，帮助读者更加深入地了解自媒体，更好地融入自媒体时代。

一、自媒体定义

自媒体（We Media）又称"公民媒体"或"个人媒体"。所谓的自媒体指的是指私人化、平民化、普泛化、自主化的传播者，以现代化、电子化的手段，向不特定的大多数或者特定的单个人传递规范性及非规范性信息的新媒体的总称。

自媒体的定义最早始于 2003 年美国新闻学会媒体中心发表的"We Media"研究报告。报告中对"We Media"进行了严谨的定义："We Media 是普通大众经由数字科技强化、与全球知识体系相连之后，一种开始理解普通大众如何提供与分享他们自身的事实、新闻的途径。"

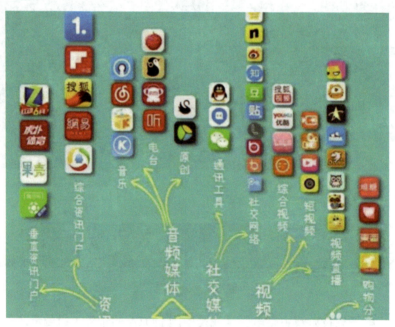

自媒体分享平台

简而言之，自媒体是公众用以发布自己所见、所闻事件的载体，是属于公众自己的媒体。比如，微博、微信公众号、抖音、头条号、百度贴吧、论坛、博客等网络平台都是自媒体。

二、自媒体运营与发展现状

在"互联网+"的思维模式渐渐趋于多元化的今天，自媒体借助互联网的宣传推广来达到营销的目的,借助各大互联网平台来实现自身的运营,借助各种信息流来推动自身的发展。接下来,让我们一起来了解一下建立在互联网平台和信息流基础上的自媒体的运营和发展现状。

(一)自媒体的运营

1. 平台方面

自媒体的运营离不开公众平台和自媒体人。公众平台是自媒体运营的基础,自媒体人则是自媒体运营的核心。公众平台和自媒体人是共生的关系——公众平台需要借助自媒体人出产的优质内容存活,自媒体人需要依靠公众平台才能将内容推广出去。如基于微博平台的"玩家电子竞技LOL""超凡电子竞技LOL"等自媒体号,基于微信平台的"电子竞技人才网""企鹅电竞"等公众号等。

需要注意的是,所有的传播推广都要遵守公众平台的规则。自媒体人的账号之所以被封锁,大部分是因为违反了平台规则。运营自媒体最好的方式就是基于平台的规则,进行有效的推广。

2. 受众方面

自媒体的受众可以被称为读者、粉丝或用户。自媒体人通过推广出精品内容,获得读者的认可,从而将一般读者转化为深度读者或忠实粉丝,然后才能从粉丝处得到收益。比如,一个电子竞技自媒体,如果能向读者展现出极高的专业素养,那么就能得到读者的信任,甚至被读者奉为"行业领袖"。那么,当此自媒体向读者推荐与电子竞技有关的电子设备时,就能得到不错的反响。所以,找准自媒体号的定位,合理产出内容,精准定位受众群体,获得良好反响,这时候接入合理的推广,才会有效果。

3. 互动方面

运营自媒体一定要和读者进行互动。因为相比程序化的自媒体,读者更愿意和生动、有个性的自媒体沟通,也更愿意听这种自媒体分享知识和资讯。需要注意的是,和读者互动并不代表随心所欲地发表意见。自媒体的运营者应该记住,和读者互动的目的是为了巩固读者、吸引流量。如果互动越多,而读者越少,那自媒体人就要反省是否是互动的方式有问题。

与读者互动,其首要原则是尊重读者,不要随意否定或反驳读者提出的建议。比如,当电子竞技自媒体发布国外新游戏资讯时,有些读者可能会这样留言:我在国外网站上早就看过这则新闻,你们的消息也太滞后了。这时,与其急着反驳读者,不如在下次提供资讯时做到快速、准确。

其次,互动并不意味着要去迎合读者。读者来自世界各地,他们不论是年龄、性格,还是行业、价值观都不尽相同。一味地去迎合读者的想法和观念,反而会让自媒体失去个性和魅力。还有一点需要注意,互动交流本是一件费时费力的事情,所以自媒体人需要在有限的时间内用最快的速度,最灵活的方式去和读者做深入的交流,了解读者的需求、意见,进而完善运营策略。比如,如果电子竞技自媒体因为频繁地进行直播互动，而使自媒体内容质量下降，导致读者脱粉，那就是"捡了芝麻丢了西瓜"，得不偿失。

（二）自媒体的发展现状

在互联网快速发展的今天，尤其是从信息传播的角度来看，要想完全垄断一种信息传播渠道几乎是办不到的。因为"互联网+"的普及，使得大数据、信息流渐渐融入人们的生活中。

比如，一场广受关注的电子竞技比赛，有的自媒体会使用文字直播的方式传播信息，有的则会用小视频或现场图片传播，还有的会将现场发生的有趣事情编成段子，或将受关注的电子竞技明星做成表情包。而在自媒体平台的选择上，有的会在微信公众号上发布信息，优点是信息比较完整，缺点是实时性不强；有的则会选择微博、贴吧或论坛发布。

自媒体对比赛的文字总结

如今，人们早就已经脱离了只依靠报纸、广播、电视等传统媒体了解信息的局面。人们不再通过一种渠道，而是借助多种渠道从多个角度、多个层面去了解某一事物。

比如，当市场上出现一个新游戏后，人们不会根据某几个权威网站的测评就对这一游戏下定义。因为在自媒体时代，人人都可以发表自己的观点——专业的电子竞技选手能够通过自媒体发表测评，资讯类自媒体能够将国外媒体及玩家的看法翻译过来，普通玩家可以通过各种各样的平台提出自己的意见等。综合分析这些资讯后，玩家们不仅能够了解这一游戏的特点、卖点，甚至还能分析出这个游戏的发展前景。

随着网络用户数量不断增加，网络舆论的影响力也越来越大。比如，当拥有众多读者的电子竞技自媒体说某一款游戏好玩，或某一种电子设备好用时，读者中必然会出现跟风行为。这就要求自媒体运营者严格审查自己的内容，不要误导观看者。然而，现实却是，在网络的世界中，浑水摸鱼、别有用心的人层出不穷。有些自媒体为了吸引眼球，随意传播谣言，甚至编造虚假消息。不过，这些自媒体只能作茧自缚，轻则失去支持者，重则面临刑罚。

经过短短几年的发展，自媒体已经成为当今世界最流行的一种信息传播的工具。并且，每一个人都能够借助自媒体构建一个自媒体渠道，第一时间发布、推广相关的消息，表达自己的观点，并将信息转化为舆论，为自己造声势，谋利益。不过，自媒体运营者应该谨记，这一切必须遵从社会规则，不能违背行业准则，更不能危害社会道德和违反国家法律。

三、自媒体发展趋势

众所周知，在自媒体大行其道的时代，各种类型的短视频 APP、新闻资讯平台、公众号等通过传播观点来占据热点、引导舆论，为自己打造声势，读者一时难以分辨信息的真假。那么，自媒体的发展趋势到底如何？我们会一直处于这种信息大爆炸的环境中吗？分析过互联网行情、媒介生产内容、传统媒体变化、自媒体商业模式等方面后，预计未来的自媒体可能发生以下几种变化。

（一）内容过剩，文章阅读量可能会继续下降

自从自媒体开始兴起，文章推送便一直是公众号平台主打的核心内容。然而，近年来，随着自媒体运营商家的爆发式增长，各种推送内容层出不穷，文章类公众号慢慢出现满溢的状态。据统计，从 2016 年到 2017 年，大多数公众号推送的文章的阅读量从 12% 跌至 5% 左右（阅读量 = 单篇文章阅读人数 / 拥有用户数量）。

不仅如此，随着近年来自媒体行业的渐趋饱和，公众号的关注度大大下降，关注人数增长缓慢，甚至呈现出零增长、负增长的态势。推送内容的爆炸，也使得用户的注意力一度稀缺。读者点击推送文章的概率逐渐下降，完整阅读的频率也在不断递减。这主要都是因为内容过剩、优质内容越来越匮乏。比如，有些电子竞技自媒体以娱乐为主，经常发一些爆款——让读者发笑、互相传播的内容。然而，如果读者永远都看不到深度的、优质的文章，也无法通过该自媒体更加了解电子竞技行业，久而久之，读者就会失去对该自媒体的兴趣，不再阅读其文章，甚至取消关注。

（二）互动趣味增强，培养用户黏性

对自媒体行业来说，优质的内容才是保证其良好运营的关键。只有内容足够精良，才可以留住读者，并吸引更多的读者。自媒体有了精品内容，才能够在"受众注意力"争夺的战场上，将互动性变为提高读者活跃度的有力武器。

自媒体人目前最需要做的是维持粉丝量，将越来越多的精力放到培养用户黏性上。这就需要自媒体人利用多种营销方式，和用户建立起紧密联系。自媒体如果想要持续不

断地推广、传播自己，就不能依靠读者的口口相传，而应该将自己塑造成一个有趣的、专业的产品，树立自己的品牌形象，将自己打造成一个具备商业价值的IP。比如，在运营电子竞技自媒体号前，应该想清楚自己的定位：是分享国内外电子游戏资讯、更新电子竞技明星的日常，还是专注电子竞技游戏的攻略。

品牌形象突出、个性化强、IP属性显著、有趣味性的互动方式，才会受到读者群体的重视。比如，如果自媒体擅长分析游戏，可以就某一游戏和读者展开互动；如果自媒体经常发布电子竞技明星的信息，且和电子竞技明星有合作，可以安排电子竞技明星和读者的互动活动。总之，自媒体人要和用户建立起良好的互动关系，提高用户对企业的关注度，调动用户和企业之间的互动兴趣，从而增强用户黏性。

经过一段时间的实践积累，用户便能根据和自媒体之间的互动，发现自媒体产品的真正价值，而自媒体也能因此和用户形成强关系（所谓的强关系，指的是个人的社会网络同质性较强即交往的人群从事的工作、掌握的信息都是趋同的，人与人的关系紧密，有很强的情感因素维系着人际关系）。用这样的方式，自媒体才可以实现读者的良性增长。

（三）社群经济凸显

自媒体如果想要增强和粉丝之间的互动，培养受众黏性，可以选择组建社群。自媒体最初的目标是将粉丝转换为经济利益，也就是所谓的"粉丝经济"。从前自媒体单方面的，直接将内容输出给用户，受众可能会缺乏参与感。而现在，自媒体的发展更注重社群运营，力求使社群环境变得越来越平等、活跃，这也使得更多的读者参与到了内容生产和媒体决策的生产环节中去。比如，邀请读者加入微信群，并根据不同的偏好分组，时不时举行线上开黑等活动，甚至将读者的有趣言论写进文章（当然前提是征得对方同意），让读者更有参与感。

社群经济

社群是发展企业或自媒体合伙人的方向。社群自组织可以使用户通过公众号平台和其他用户连接起来，在社群中获得自我成长，并加强整个社群的影响力。

（四）众媒时代，企业着重打造自媒体

近些年来，随着内容创意平台迅速扩展，企业也越来越重视内容生产，出现了网易号、头条号、京东号等自媒体。一家企业若拥有了生产内容的能力，就会减少对传统媒体、广告公司的依赖度。利用自己的公众品牌形象来发布内容，也可以节省一定的资金。而拥有自媒体矩阵的企业，一言一行更会受到业界的关注。

企鹅电竞公众号

重视内容输出的企业会运用企业的资源打造出强大的整合团队，用于生产高质量的内容。比如，腾讯打造的电子竞技平台即企鹅电竞，因为与QGC、TGA等职业电子竞技赛事深度合作，所以旗下的自媒体不仅能够为读者提供第一手资讯，帮读者和电子竞技选手互动视频，还能为读者打造电子竞技兴趣社区，并根据读者的偏好实现精准营销。假如内容创业者在这种局势之下，不加强对优质内容的生产，就将很难留住读者。这便需要自媒体创业者不断加强学习以及输出的能力。

（五）内容付费成常态

自媒体未来发展的一大趋势就是内容付费。如今付费阅读已经很常见，很多媒体网站甚至推出了会员制、订阅功能，推出包月、包年服务来鼓励客户参与到内容创作中。

对于自媒体人来说，未来会有更多的机会凭借某一方面的专业知识将内容转换成经济利益，而拥有优质内容则意味着拥有更广大的发展市场。在未来，不管是图文创作还是视频生产都会面临激烈的竞争。此后自媒体的"赋能授权"能力将会是吸引优质内容生产者的重要因素。因此，自媒体需要不断加强自身的能力，打造出良好的公司形象。

（六）直播平台更加多元化

2015年之前，直播平台的主要领域是游戏直播、秀场直播等。2015年下半年之后，直播平台逐渐扩展到泛生活领域，直播平台才迎来真正的爆发期。

泛生活化直播与网红直播的兴起加速了直播平台的竞争和重组。在未来，如果直播平台没有足够的资金和流量做支撑，那么某些小型直播平台将会面临倒闭的命运。此外，除了游戏直播、秀场直播、生活领域直播，教育、技能、知识的直播也会不断发展，直播内容会朝多元化的方向发展。

《电子竞技在中国》纪录片

（七）自制剧、IP化是短视频的主要方向

直播和短视频关系密切，未来各大视频平台将会加大对短视频的投入。因为相对传统的广告，短视频不仅投资少，而且更受年轻人欢迎。相信未来自媒体将会出现更多有趣、让人印象深刻的自制剧或小视频。短视频的普及和流行，不仅能给企业带来收益，还能推动影视行业、视频特效、社交媒体传播的发展。

第五章 电子竞技泛娱乐产业

《夜杀阁》小短剧

（八）内容音频化逐渐普及

现今，自媒体行业为了改变之前单一输出内容的展现形式，正朝着解放用户双手、节省用户时间，将内容场景化的方向发展。这几年，产出音频内容的自媒体越来越多，比如有些微信公众号就将一篇四五千字的文章，变成了只有60秒的语音。而今后一些自媒体的发展，可能会从视频课程逐渐转向音频教学。这不仅可以方便读者随时随地收听内容，也能缩减自媒体生产操作的时间。

（九）广告两极分化

在未来，自媒体的广告可能会出现"硬广更硬，软广更软"的发展态势。以电子竞技自媒体为例，在游戏直播刚刚流行的时候，解说们曾这样提高自己的经济效益：在直播前插播广告，或在直播的中途提及厂商的名字。虽然这样能够获得一定的经济效益，但是有的粉丝则表示，这样视频界面不太友好，给人一种为了打广告才解说视频的感觉。于是，有的解说选择用更"软"的方式来打广告，如制作一条有趣的视频或将广告编成段子，以此巩固粉丝。相信在未来，自媒体将会创造更丰富、有趣的广告模式。

（十）自媒体资本化将成为趋势

随着内容生产越来越受重视，越来越多的资本进入了自媒体平台。这不仅促进了新平台的诞生，如以小视频为主要内容的自媒体普及度越来越高，还加速了自媒体的企业化和企业的自媒体化。

受众付费能力的增强，促使内容生产者创作出更多样、更具个性的内容。很多自媒体朝着"富媒体化"的方向发展，如视频课程音频化。但需要记住的是，优质的内容既是保证阅读量的前提，也是未来发展的主要方向。在强者越强、弱者越弱的大环境下，自媒体应该提高自身能力，为读者提供更优质的内容。比如，一个只会提供电子竞技明星花边新闻的自媒体，虽然能得到一时的关注度，但势必会被持续提供"干货"的自媒体所取代。自媒体要积极和用户的互动，把握环境大局，找准自己的定位和优势，创作精品内容，强化内容的变现能力。

拓展思考

1. 简述网络直播发展历程、特点、发展现状以及出现的问题。
2. 查阅资料，列举并分析五位当前电子竞技头部网络主播。
3. 简述我国电子竞技类视频网站的主要内容，分析其未来发展方向。
4. 现实生活中，你会在抖音、快手发短视频或在斗鱼、虎牙做直播吗？分析这些APP的内容设置、运营模式，并针对发现的问题提出解决方法。

第六章 电子竞技产业未来发展
CHAPTER 6

能力目标

1. 了解电子竞技未来发展方向。
2. 了解移动电子竞技发展趋势。
3. 了解电子竞技未来与相关产业的结合。

素养目标

思考在我国政策的引导下，电子竞技教育的最终目标是什么，认清自己接受电子竞技教育后未来的发展方向，并思考如何能够成为一名优秀的电子竞技行业从业人员。

第一节 新兴技术的驱动

一、5G 技术与电子竞技

在过去，物联网、无人驾驶、人工智能等术语在很多人脑海中是非常虚无缥缈的话题。然而 5G 技术的出现，将要把这些一一实现。当下，网络已经成为游戏的连接基础，5G 网络的到来势必给每个玩家的游戏体验带来巨大的变革。

（一）5G 技术对网络的影响

当前火爆的移动电子竞技游戏对网络是极为依赖的。比如目前国内外最热门的"吃鸡"游戏，玩家在 4G 环境下一般会有 30~70ms 的延迟，甚至偶尔会莫名其妙地上升到 100ms 以上。一般在 100ms 以上时，玩家的操作将会因延迟变得不流畅，可能会出现射击失准等情况。又比如《王者荣耀》，在 4G 环境下由于网络延时和不稳定，网速很可能会莫名其妙地突然飙升到 460ms 以上，这时候玩家会彻底失去对英雄的控制，甚至可能因此输掉一场团战。因此，4G 环境产生的延迟问题较多，较大地影响了玩家的游戏体验。但 5G 技术能大大降低各大游戏的网络延迟，其延时仅为 1ms，实际上 1ms 的延迟已经超出了人类能感知的范围，所以可以认为 5G 网络零延迟。

4G 环境下《王者荣耀》的网络延迟

（二）5G 技术对游戏反作弊的影响

当前由于技术原因，采集作弊者的作弊数据需要很长一段时间，处罚与作弊之间存在着不小的时间差异；同时作弊系统不断升级，反作弊系统也不可能每分每秒采集每一个玩家，所以使用作弊外挂的时候很可能躲过了系统的自动检测，哪怕偶尔检测到，也很难判定一个玩家是否作弊。最重要的一点是，当前的反作弊检测离不开人工。特别是 FPS 游戏的脚本透视自瞄、MOBA 游戏的技能自动瞄准，很多都是依靠玩家举报后工作人员审查再判定是否作弊，这就注定无法将所有作弊玩家绳之以法。

《绝地求生》作弊外挂

第六章　电子竞技产业未来发展

《王者荣耀》作弊外挂

而在 5G 时代，用户数据的反馈精度和频率都能大幅提升，玩家每一秒的操作都可以被监控而且快速上传至数据库，真正实现实时监控。这时再配合人工智能反作弊技术快速识别特征，可以做到实时反作弊和处罚。

（三）5G 技术对电子竞技赛事的影响

5G 技术特有的超高网速和超低延迟给电子竞技赛事的发展提供了极好的条件。赛事画面可以通过 5G 技术进行直播流网络传输，通过模块化设备提升整体部署效率和降低执行复杂度。

从内容传播方面来说，5G 技术可以提供更丰富的电子竞技内容消费形式。利用边缘计算平台实现转播内容的分块拼接，降低网络传输负载，这些都能通过 5G 来帮助现场观众获得自由切换电子竞技比赛观赛视角等多样化的电子竞技内容矩阵。

2019 年 3 月 17 日，WESG（世界电子竞技运动会）2018~2019 赛季全球总决赛在重庆市奥林匹克体育中心举行。与往届 WESG 赛事不同的是，今年的赛场得到了 5G 技术的加持。本次世界级赛事的通信网络提供商中国电信，在决赛现场首次启用了 5G 高清直播，通过高清摄像机+5G 的组合实时的将比赛现场高清直播信号发送到外场展厅，外场电信展厅的高清演示屏通过 5G 网络同步直播。

在 5G 的支持下，整个信号传输过程只需要几毫秒，场外的电子竞技观众们能实时地观看比赛画面，在比赛场馆内，还利用了 5G 的超高带宽、超低时延传输特点，与全景直播技术和 VR 技术相融合，将全景摄像头实时拍摄到的画面同步传送至观看端，多种 5G 应用体验给观众们带来身临其境之感。同时，重庆市奥林匹克体育中心也正式宣告成为全国首个 5G 网络全覆盖的大型体育场馆，开辟了 5G 体育场馆先河；此次电子竞技与 5G 技术的结合，开创了电子竞技赛事的先河。

WESG 比赛 5G 现场直播

二、AR/VR 与电子竞技

（一）AR

对于赛事内容的生产者以及转播方来说，如果能将虚拟的电子竞技比赛现况以真实的形象进行呈现，则能拉近观众与游戏之间的距离，而 AR 的出现为这带来了可能。

电子竞技在进步的同时，AR 技术也在迅速成长。虽然硬件设备价格高昂，让 AR 无法在短时间内渗透大众市场，但其在各国际性的电子竞技大赛中已经有所实践，最终所呈现的转播效果得到了观众们的一致好评。

《DOTA2》赛场上英雄的 AR 效果

第六章　电子竞技产业未来发展

虚拟的游戏角色能够通过技术来进行现实化，并直接地在播放画面中看到实际效果，这在过去是几乎无法想象的，随着实时技术的升级，或许将来能把计算机屏幕中虚拟角色的实时作战过程也搬到现实舞台上，这给电子竞技行业带来了无限的可能。此外，AR 技术的出现，也许未来能将许多游戏中的角色现实化，让他们去做广告代言或是开演唱会。

（二）VR

互联网的发展和时代的进步，让游戏从过去的网络鸦片，如今逐渐被社会主流人群所接受并认同。如今的游戏市场正以一种欣欣向荣的方式发展着，目前已有许多 VR 游戏，但大部分都为单机游戏，5G 时代到来后，可能会出现以 VR 形式进行对战的电子竞技类网络游戏，游戏行业也许会再一次的迎来变革，如未来通过与云端服务器相结合，电子竞技类游戏通过 VR 的形式进行呈现，就像日本动漫《刀剑神域》或是电影《头号玩家》中的情况或许在未来会成为现实。

虽然目前市面上 VR 游戏的数量已经不少，但存在部分粗制滥造或是以一时的新鲜感为核心卖点的游戏。5G 的高速度、低延时或许能将 VR 游戏的潜能进一步激活，让玩家能够真正地游走在虚拟与现实之间。比如 2019 年 3 月举行的首届 VR 电子竞技联赛中现场的两个比赛项目《不语者》与《孤声 (Echo Arena)》，在游戏形式上已经开始十分接近于电影《头号玩家》中的场景，其中《孤声 (Echo Arena)》作为一款多人竞技游戏，玩家需要通过团体合作来把飞盘扔进对方的球门或阻止对方的进攻。其比赛形式就像是在虚拟多维空间中的篮球比赛，选手可以通过"扣篮""3 分远投"来得分，规定时间内得分最高的队伍获胜。

《头号玩家》与 VR

在未来，5G 的数据高传输速度可以让 VR 的画面更加细腻，低延迟可以让玩家间的配合更默契，对抗更加真实。例如，爱立信在今年 2 月的超级碗（美国职业橄榄球大联盟（NFL）的年度冠军赛）期间，与 Verzion 合作，让橄榄球运动员体验了一把在 5G 网络下的虚拟训练，选手利用戴在头上的摄像头与 VR 装置，使图像数据通过 5G 来进行传输，依托于 5G 技术本身的低延时特性，运动员可以直接通过 VR 中的画面来相互进行橄榄球的传递，还能自由跑动，最终甚至完成了攻防演练的训练。

根据市场研究机构 IDC 的预测，AR/VR 市场将在 2019 年步入快速增长期，至 2020 年，当 5G 网络正式商用时市场规模将暴增至 1620 亿美元，约为目前市场规模的 8 倍多。

总之，电子竞技 VR 游戏在未来一定存在市场，虽然目前的单机 VR 游戏主要是以休闲类为主，而电子竞技类游戏目前仍需要结合鼠标与键盘来实现高强度和高精准度的对抗，所以目前可以预见的是未来也许能将如今的显示器更换成 VR 画面，让玩家能够身临其境地感受对战带来的乐趣，而更进一步的才是将鼠标键盘彻底替换，这一切都值得我们去展望。

三、人工智能与电子竞技

众所周知，许多年前，人工智能阿尔法狗在围棋项目中打败了我国著名的围棋选手柯洁，他也承认了人工智能在未来不可小觑，比真人选手更加难对付。近期人工智能也进军了电子竞技圈，而且多次战胜了世界顶尖的职业选手们。

（一）人工智能战胜职业选手

目前的电子竞技游戏都是真实玩家与真实玩家之间的对抗，人工智能的加入代替了一方的真人选手，从广义角度上讲也是人机对战的一种。但是人工智能与游戏中原来预设的人机不同，它甚至比真人更强，以至于人们在担忧人工智能可能带来威胁的同时，又不惜代价地在探索与开发。现在人工智能时代已经悄悄到来，且人工智能在不断学习、升级，它们可以彼此组队打游戏学习，并逐步打败创造它们的人类。

案例一： 在一场人工智能挑战《星际争霸》职业选手的对决中，玩家和人工智能分别操控 11 个机枪兵对 40 只毒爆虫，以及 100 只小狗对 20 辆重装坦克分别进行攻防战。结果，玩家操作的攻防战全部输掉，而人工智能控制的机枪兵以 0 伤亡的战绩全部消灭毒爆虫，而 100 只小狗在消灭 20 辆重装坦克后还剩近 20 只，最终人工智能以悬殊的差距打败人类。可见人工智能可以驾驭非常复杂的游戏，它们未来的发展将势不可挡。

案例二： 2017 年 8 月，在 DOTA2 国际邀请赛中，世界顶级职业玩家之一的 Dendi 与 OpenAI 开发的 DOTA AI 进行 1V1 影魔 SOLO，最终 Dendi 败阵。比赛共进行了两局，第一局，AI 利用假动作诱骗 Dendi 上前补刀并将其击杀。第二局，Dendi 因前期的卡兵失误而痛失先手，比赛也在 AI 无限地优势滚雪球中草草结束。

第六章 电子竞技产业未来发展

人类与人工智能在《星际争霸》上的对决

(二) 人工智能与职业选手陪练

人工智能在全球玩家面前展示了它的强大以后,人们思考,是否可以让它成为电子竞技职业选手的陪练,或是数据分析师呢?毕竟高手每天获取对战经验和赛事数据信息的时间和渠道都非常有限,他无法接触世界上所有的高手,也不可能每天24小时都保持高强度的作战,但是AI可以无限制地学习所有已知的比赛数据,就如同一个综合了世界上所有高手的集大成者,在它的数据库里有所有的高手对决记录。

在大数据的加持下，人工智能能帮助职业选手分析战术和策略，为选手提供不同的训练方式，能帮助选手丰富战术打法。人工智能的另一个优势就是不受主观因素干扰。人类是感情丰富的动物，感性和理性并存，这就使得人脑会受到情绪和性格的影响，做出非正确的判断，一名再优秀的教练，也会有经验缺失或是状态不佳的情况，在紧张激烈的电子竞技比赛现场，尤其是在战败一局之后，教练也可能会产生心理障碍和情绪波动，导致他可能会对队员做出不理智的分析，甚至会影响选手之后的比赛结果，但人工智能可以客观地做出正确的判断。在日常训练中也是一样，一个不带有任何感情色彩的人工智能辅助选手训练，可以给选手提供最严谨的数据分析和战术训练计划，并将不稳定因素降到了最低。因此与人类教练相比，人工智能做陪练会更加有效且客观。OG战队在获得第九届DOTA2国际邀请赛冠军后就曾表示赛前经常通过与OpenAI对战学习人工智能的作战策略。

（三）人工智能助力电子竞技教育

目前电子竞技已经成为一门新兴专业，国内已有许多大专院校陆续开设了电子竞技专业，但在该专业的教学方面，各大高校也处于"摸着石头过河"的阶段。电子竞技作为一个新兴产业，是否适合采用传统的教学、培训方式还不确定，或许在人工智能发展以后，可以借助人工智能来助力电子竞技的教育事业。

职业教育下的电子竞技相关专业，其教育目标之一就是培养出具有高实战能力的电子竞技选手或是相关的教学人员，从这一层意义上来说，实战应该成为培训的主要方式。但就目前的情况来看，课程中对实战的投入还远远不足。在新的大环境下，随着互联网与人工智能等新技术的发展与成熟，电子竞技教育形态也受到了影响。例如某电子竞技学院就曾引进了人工智能平台用于日常的电子竞技专业人才教学工作，让人工智能成为课堂上的教学助手，从数据角度解读学员的训练比赛，对每名学员的个人特点，每场比赛的走位、眼位等关键数据进行解读分析，学员的实力与习惯一目了然。

借助人工智能所拥有的大数据优势，在教学中，根据实际情况，人工智能可以基于大数据提供最佳的教学方法。将人工智能引入电子竞技教育，还可以将电子竞技专业当成利用前沿技术改革创新传统教育的实验平台，为未来的教育提供前瞻性指导。

第二节 移动电子竞技的崛起

一、移动游戏市场分析及预测

随着智能手机的普及，近年来，我国移动游戏市场呈百花齐放之势，在品类丰富的基础上，产品性能、画面不断实现突破，也一度成为市场核心竞争点。随着移动电子竞技用户量迅猛增长，移动电子竞技也逐渐成为游戏市场的主流，手游通过模仿端游的发展模式，开启了电子竞技的新时代。得益于《王者荣耀》《穿越火线》等现象级产品推动中国移动电子竞技市场进入高速成长期，移动游戏市场规模不断增长。

第六章 电子竞技产业未来发展

（一）移动游戏市场销售收入

此前伽马数据发布的《2018年度移动游戏报告》显示，2018年中国移动游戏市场实际销售收入为1339.6亿元，占中国游戏市场比例约为62.5%。而在收入增速方面，2018年收入同比上涨15.4%，较2017年41.7%的增速下滑超六成。

从伽马数据最新发布的《2019年1~3月移动游戏报告（内部版）》报告，我们可以看到我国移动游戏市场实际销售收入为365.9亿元，同比增长18.2%，环比增长4.7%。报告指出，虽然新游表现较往年逊色，但依靠老游戏稳定收入，市场销售收入依然保持正向增长，相信在未来几年内依旧能保持稳定的增幅。

（二）移动电子竞技行业市场规模

电子竞技的快速发展，也拉动了游戏和体育行业的收入增长。据统计，在电子竞技市场规模中，竞技游戏产品的收入占90.31%。其中，收益于手游行业的发展，移动电子竞技成为电子竞技行业发展的最大增长点。

数据显示，2015~2018年，我国移动电子竞技行业市场规模已经从50.9亿元迅速增长至456.8亿元（CAGR高达107.8%），预计2019年将增长至541.1亿元；同时用户规模从2015年的0.9亿人增长至2018年的3.5亿人（CAGR达57.3%），预计2019年将增长至4亿人。

由于移动电子竞技相比PC端电子竞技具有渗透率高、直播方便等无法比拟的优势，因此预计未来移动电子竞技占电子竞技行业的比例会进一步扩大。

（三）《王者荣耀》等头部手游带领移动电子竞技成长

根据国外移动应用分析平台Sensor Tower发布的最新数据报告显示，2018年《王者荣耀》全球营收达到了19.3亿美元，折合人民币约130亿。值得注意的是，此项数据不包含"中国及其他地区"的第三方Android应用商店收入。迄今为止，《王者荣耀》在全球范围内营收已超过42亿美元。

《王者荣耀》自2015年上线之初就呈现出极其迅猛的势头，凭借着腾讯公司得天独厚的资源支持，上线第一年收入就达到数亿美元。经历了三年时间的不断完善和发展，尤其是在王者荣耀职业联赛（KPL）的刺激下，游戏本身得以突破瓶颈，继续保持高速发展。

在《王者荣耀》《和平精英》等头部电子竞技手游的带领下，我国移动电子竞技市场逐步走向成熟，用户的电子竞技习惯逐渐养成。与此同时，行业监管也将在政府引导下逐渐完善，带动中国移动电子竞技市场的持续良性发展。

（四）女性市场正在逐渐崛起

如果将移动游戏市场进行细分不难发现，女性市场正在逐渐崛起。

随着移动游戏产业的发展，很多女玩家成为游戏的忠实粉丝；据《2017全球移动游戏产业白皮书》显示，移动游戏用户男女性别比例将不再是男性远高于女性，而是呈现旗鼓相当的态势。在此趋势下，女性玩家对于相关赛事的关注度较之过去同样高出很多。

企鹅智酷联合腾讯电竞发布的《2017中国电竞发展报告》指出，2017年电子竞技用户中女性的人群比例达到了24.3%，进入2018年这一比例还有很高的提升空间。当然，造成这一结果的主要原因在于移动电子竞技的兴起以及休闲游戏的电子竞技化，毕竟在该群体中有接近53%的用户是2016年以后才开始关注电子竞技，且这些电子竞技赛事对于无法接受"对抗性强的电子竞技赛事和传统体育赛事"的女性更加友好。

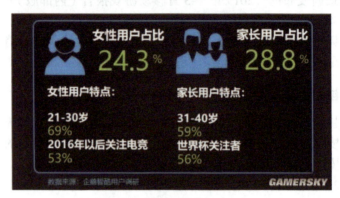

电子竞技用户女性用户占比

二、移动电子竞技产业发展探索

（一）移动电子竞技游戏开发趋势

当前最火的移动电子竞技游戏莫过于FPS游戏（如《和平精英》）和MOBA游戏（如《王者荣耀》），这两款游戏占据了我国移动电子竞技90%以上的市场份额。因此，预测未来5年内的移动电子竞技游戏会在这两款游戏的基础上进行开发，如结合5G技术创造出更多人数同时在线竞技的模式、结合VR技术进行射击竞技等。

（二）移动电子竞技赛事运营趋势

赛事运营在未来将成为重型移动电子竞技游戏的主要发力点。艾媒咨询分析师认为，重型手游（包括重型移动电子竞技游戏）的开发难度大，运营成本高，营收周期长，增加赛事运营的方式进行运作，可以带动玩家社群的运营，延长手游上下游产业链，延长手游生命周期，甚至打造出一个充满商业化可能的手游IP。

移动电子竞技市场的收入，来源于游戏、周边产品和赛事营收。无论是社会关注还是国家政策，又或是LPL（英雄联盟职业联赛）、TI（DOTA2国际邀请赛）的经验，都表明游戏运营的核心是电子竞技产业链的打造，尤其是赛事价值的充分挖掘。

我国移动电子竞技，具有一群庞大的、偏好娱乐文化的、有消费力的年轻人作为用户基础，且2019年用户规模已超4亿。因此，仅仅是移动电子竞技赛事，就能极大地激发玩家的参与感，激活包括硬件厂商、游戏厂商、电子竞技俱乐部、内容传播商、赛事赞助商等主体在内的上下游产业链，塑造出优质的文化IP，创造更大规模更长久的盈利。

在短时间内，预测游戏开发商主办的职业赛事仍占据主导地位。由于手机游戏开发商把握着移动电子竞技用户的流量入口，掌握着与广大电子竞技观众互动的渠道，所以目前主流的移动电子竞技赛事往往依靠游戏开发商推动，而政府机构或移动电子竞技赛事运营方主办的综合性赛事关注度较低，且规模有限。

赛事趋势方面，赛事国际化是国内头部移动电子竞技赛事谋求更高用户关注度及海外市场开发的发展方向。中国移动电子竞技赛事的出海，体现出国内日益成熟的专业赛事管理体系，也将进一步推动移动电子竞技生态的发展。

另外，为了更进一步发展，移动电子竞技赛事也在不断地拓展规模。传统大型体育赛事联盟拥有大量的参赛俱乐部，从而能支撑众多赛事活动；而所有俱乐部均拥有自己的主场城市。目前，移动电子竞技赛事在增加参赛俱乐部数量的同时，还注重俱乐部地域化。移动电子竞技赛事正在通过不断增加城市主场，最终实现所有俱乐部地域化，推动移动电子竞技产业的专业化发展。

（三）移动电子竞技游戏衍生行业发展趋势

根据艾瑞咨询发布的《2018年中国移动电竞行业研究报告》来看，我国移动电子竞技行业发展日益成熟，已经形成了庞大的市场规模，其盈利来源也开始从以游戏内购为主向多元化的细分市场方向发展；其中，移动电竞衍生品在连接线上与线下方面有着不俗的表现，是移动电竞行业市场份额占比逐渐提升的营收来源，未来还有很广阔的发展空间。移动电竞衍生品在广义范围内不仅限于游戏周边，还包括专业支持移动电竞的手柄、PC模拟器、手机和耳机等。

移动电子竞技部分衍生品一览

第三节　电子竞技新型经济的诞生

一、电子竞技小镇

随着我国电子竞技产业和特色小镇建设的迅速发展，"电子竞技小镇"的概念持续升温，越来越多的地区将本地的重点项目定位为电子竞技小镇建设。建设电子竞技小镇不仅可以促进电子竞技的专业化、全民化进程,还可以将其作为一种新兴竞技发展电子竞技小镇的旅游业,并以此带动当地的经济发展。

更为重要的是,建设电子竞技小镇可以把小镇当作载体,承载电子竞技场馆、电子竞技综艺、电子竞技影视甚至是电子竞技教育等线下产业的外沿。不仅如此,电子竞技小镇的建设可以大大弥补电子竞技赛事发展过程中专业电子竞技场馆不足的问题,满足电子竞技赛事的发展需求。

所谓的电子竞技小镇,指的是一种以电子竞技元素为主题,以现代信息技术及设备为核心打造的电子竞技产业聚集区。目前,我国电子竞技小镇最典型的代表是太仓电竞小镇和杭州电竞数娱小镇。

(一)太仓电竞小镇

太仓于2017年正式对外发布了天镜湖电竞小镇规划方案。在苏州创博会新闻通气会现场,太仓宣告将这一项目当作是当年创博会的重要内容,并为其设立了单独的展台。太仓在发表的规划中指出,其将在科教新城规划出3.55平方公里的土地,将海运堤当作核心区,根据"一轴两核三区多点"的空间格局,着力打造大学科技园电子竞技创意综合产业区、天镜湖电子竞技文化展示综合区、海运堤游戏综合体验区三大功能区域。

太仓电竞小镇

(二)杭州电竞数娱小镇

杭州电竞数娱小镇的建成目标是,形成覆盖电子竞技赛事组织运营、电子竞技泛娱乐内容开发、电子竞技内容制作等全产业链的特色产业集群。杭州电竞数娱小镇依托杭州下城区政府,占据杭州下城区15万平方米的土地,竭力打造出优质、新颖的特色小镇;并且在建设小镇之初,设立了20亿元配套产业专项基金,帮助小镇引进电子竞技相关企业、电子竞技人才,以此推动电子竞技小镇的快速发展。

第六章　电子竞技产业未来发展

杭州电竞数娱小镇

杭州电竞数娱小镇定位于打造出国内第一个集游戏产业的孵化、研发、制作、发行、会展、旅游、金融服务于一体的中国网游第一镇。其主要通过建设基于动漫游戏主题的大型动漫游戏产品的特色展览、主题乐园旅游景点、游戏电子竞技高端人才培养学院、文化创意产业聚焦园区以及泛娱乐互联网平台运营和配套商业服务的特色小镇。

杭州电竞数娱小镇的最终目的是打造成以电子竞技为题的未来城市潮流文化娱乐新地标，成为中国电子竞技文化发展的引领者，成为中国电子竞技顶级竞技赛事的主办地，成为电子竞技玩家向往的朝圣之城，最终使杭州电竞数娱小镇成为我国电子竞技综合生态的集聚区。

二、电子竞技旅游

目前来说，电子竞技旅游的方式主要有三种：一是通过电子竞技旅游的目的地，比如电子竞技旅游小镇，吸引旅游者前来观光旅游或者是参加商务会展，集吃、住、行、游、购、娱为一体的电子竞技旅游消费系统，形成电子竞技旅游目的地旅游；二是通过电子竞技的大型赛事、展会、大会等吸引全国各地的电子竞技爱好者，形成电子竞技会展旅游；三是通过电子竞技景区吸引旅游者前来观光，形成电子竞技景区旅游。

三、电子竞技酒店

随着近几年国内电子竞技行业的爆发式增长，电子竞技相关行业工作者以及电子竞技爱好者们的热情一路飙升，尤其是2018年电子竞技圈的各大事件更是把热度再次提升,例如电子竞技正式成为体育项目、电子竞技进入雅加达亚运会表演项目、iG夺冠等消息,都在助推电子竞技行业的发展,电子竞技酒店就是其中产物之一。

电子竞技酒店是一种依托于电子竞技游戏的新型酒店,顾客不仅可以享受高品质电子竞技体验,还可以拥有住酒店的舒适体验。电子竞技酒店可根据用户选择,有二人间、三人间、四人间、五人间、六人间等。因电子竞技酒店类似于在网咖上网,需要在公安部门备案联网,未成年人不可办理入住。

电子竞技酒店最早起源于日本,后来在我国的北京、广州、上海、深圳、武汉、成都、郑州、西安等地逐渐发展起来。以杭州为例,电子竞技主题的酒店就有几十家,且数量仍在增长,这些酒店也非常火爆,尤其是周末或节假日。

某电子竞技酒店

电子竞技行业的火热,势必会衍生出一系列的相关产业和新型经济,但是这些产业是否能长久经营,且电子竞技这个命题是否能顺利地推动经济的持久发展,我们不得而知,甚至电子竞技行业本身能够存在多久我们也无法预测,因此对于电子竞技相关产业的投资还需投资者深思熟虑,需要充分地了解各类风险再进行决策。

第四节 电子竞技教育爆发

一、火热市场背后出现的教育问题

行业的规范一定离不开完善的人才培养体系,电子竞技也不例外。随着电子竞技越来越受到国家的重视,电子竞技人才的培养也成了一个刻不容缓的任务。众所周知,我国的电子竞技经历了一段野蛮生长的时期,最早期的从业人员普遍缺乏相关专业知识、学历尚浅,甚至存在些许缺乏职业道德,不具备契约精神的人员,造成行业内部一度混乱的局面。

第六章　电子竞技产业未来发展

随着电子竞技受到越来越多人的认可，迎来爆发期的电子竞技在人才上也存在着巨大缺口。据伽马数据显示，电子竞技行业现有从业人员仅 5 万，而人才缺口则达到了 26 万。

在这样的情况下，各大高校响应国家号召，纷纷开设电子竞技专业，电子竞技教育的概念也顺势诞生。那么，问题来了，"电子竞技教育"到底是教什么的呢？

（一）教育初衷

首先，很多人对电子竞技教育存在着误解，以为电子竞技教育就是单纯地教人打游戏，但是其实并不像他们所想象的那样，并非以将学生培养成电子竞技选手为目的，而应是向电子竞技的"幕后"岗位输送人才。

虽然我们在直播、比赛中能直接看到的是电子竞技选手，平常接触了解的最多的也是电子竞技选手。但实际上，要通过标准化的教学，或是通过学校的培养，来培养出具备世界顶尖水准的职业选手是几乎不可能的，目前的高校也并不具备这样的师资和能力。但是电子竞技行业内除了职业选手，还有各方各面的幕后工作，这才是最主要的人才缺口所在，而"电子竞技教育"这个命题所承担的，就是为这些后台类岗位提供人才的输送。

（二）人才缺口

尽管电子竞技行业仍然在发展阶段，但"麻雀虽小五脏俱全"。在企业数、规模较快的发展下，行业体系日渐标准化下，在主播、赛事解说、赛事策划与执行、俱乐部运营、场馆运营、媒体商务、内容策划、记者、新媒体编辑、电子竞技教练、电子竞技心理分析师等岗位上，电子竞技行业人才需求量会越来越多。

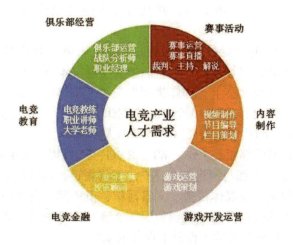

电子竞技产业人才需求

二、电子竞技教育未来展望

未来的电子竞技教育,各机构应建立完善的职业教育体系,设置全面的人才培养方案,增强全行业的综合素质,为行业提供熟练掌握电子竞技从业技能、具有丰富实践经历的高素质综合性人才,以添补电子竞技行业目前所空缺的岗位。同时,应形成电子竞技教育产业链,通过学历教育和职业教育的有机结合,让行业媒体、俱乐部、赛事、游戏开发商等各方与职业教育公司、职业院校、高校形成产教融合、产学研结合,使行业能得到良性发展。

如网竞教育就建立了比较完整的电子竞技人才教育和培训体系,为开设了电子竞技运动与管理专业的国内数十所院校提供了以下四个培养方向。

网竞教育

(1)第一个方向是职业运动员和教练。对于游戏技术高超、有天赋的学生,网竞教育会提供渠道进行培养,之后推荐输送至职业俱乐部的青训队担任运动员或教练,让他们有机会能进入职业电子竞技圈。

(2)第二个就业方向是泛娱乐方面。毕竟职业选手是凤毛麟角,万里挑一。网竞教育能提供完善的网红、主播培训,并直接与主播经纪公司签约,提供高薪就业的机会。

(3)第三个方向是跟电子竞技赛事相关。通过学习电子竞技赛事运营和管理、赛事执行和商务、赛事活动策划等课程,以后能够参与赛事策划、执行、运营、分析等工作。例如,在中国电竞产业大会上,华体集团发布了"华体电竞馆1110合作计划",要用五年时间,在全国投资合作建设10个专业电竞馆、100个标准电竞馆和1000个基础电竞馆。仅从这一点就说明我国正需要这些类型的人才。

(4)第四个方向是俱乐部相关工作。WE、RNG、LGD以及《王者荣耀》的QGhappy这些职业电子竞技俱乐部都与网竞教育建立了联络渠道。这些俱乐部目前非常缺乏数据分析师、营养师、领队、新媒体传播、文案写作、俱乐部运营等岗位人才。网竞教育针对这些岗位培养学生的数据分析、视频剪辑、文案写作等能力,通过系统性培训,为将来顺利进入俱乐部来从事相关的工作打下良好的基础。

第六章　电子竞技产业未来发展

拓展思考

1. 分析 5G 技术的优点以及 5 G 对电子竞技直播的作用。
2. 分析 VR/AR 技术的特点，以及对电子竞技游戏的推动作用。
3. 利用所学知识思考，应该如何利用大数据为电子竞技的发展服务？
4. 你有去过电子竞技小镇或电子竞技酒店吗？总结他们的经营模式，存在哪些问题，并提出你的优化方案。
5. 利用所学知识，对电子竞技教育提出你的见解和看法。

参 考 文 献

[1] 张轩. 电子竞技史 [M]. 北京：电子工业出版社，2018.

[2] BBkinG. 中国电竞幕后史 [M]. 武汉：长江文艺出版社，2015.

[3] 李宗浩，李柏，王健. 电子竞技运动概论 [M]. 北京：人民体育出版社，2005.

[4] 张逸、贾金玺. 中国视频网站十年进化史 [J]. 编辑之友，2015（04）：11-13.

[5] 熊良. 美国电子游戏版权保护历史演进及其启示 [D]. 武汉：中南财经政法大学，2017.

[6] 前瞻产业研究院. 中国电子竞技行业市场前景预测与投资战略规划分析报告 [EB/OL].
https://bg.qianzhan.com/report/detail/459/190620-95c3772a.html.

[7] 艾瑞咨询. 2019 年中国电子竞技行业研究报告 [EB/OL].
http://report.iresearch.cn/report/201903/3352.shtml.

[8] 艾瑞咨询. 2018 年中国移动电竞行业研究报告 [EB/OL].
http://report.iresearch.cn/report/201812/3311.shtml.

[9] 企鹅智酷、腾讯电竞. 2017 中国电竞发展报告 [EB/OL].
https://tech.qq.com/a/20170619/002599.htm#p=1.

[10] 伽马数据. 2017 年中国游戏产业报告 [EB/OL].
http://www.joynews.cn/bglb/201712/1932080.html.

[11] 艾瑞咨询. 2017 年中国泛娱乐直播用户白皮书 [EB/OL].
http://report.iresearch.cn/report/201702/2955.shtml.

[12] 艾瑞咨询. 2018 年中国游戏直播行业研究报告 [EB/OL].
https://www.iresearch.com.cn/Detail/report?id=3254&isfree=0.

[13] 伽马数据. 2018 年度移动游戏报告 [EB/OL].
http://www.joynews.cn/jiaodianpic/201901/2432268.html.

[14] 伽马数据. 2019 年 1~3 月移动游戏报告（内部版）[EB/OL].
http://www.ce.cn/xwzx/gnsz/gdxw/201904/26/t20190426_31949942.shtml.

[15] 艾媒咨询. 2019Q1 中国在线直播行业研究报告 [EB/OL].
https://www.iimedia.cn/c400/64226.html.

[16] 伽马数据. 2018 电子竞技产业报告（赛事篇）[EB/OL].
http://www.joynews.cn/toutiao/201807/1932119.html.

[17] 移动游戏企业家联盟（MGEA）. 2017 全球移动游戏产业白皮书 [EB/OL].
https://games.qq.com/a/20180110/019738.htm.